LUCAS 24

VEINTICUATRO DÍAS, VEINTICUATRO CAPÍTULOS

Mario Guzmán Sescosse

LUCAS 24
VEINTICUATRO DÍAS, VEINTICUATRO CAPÍTULOS
Dr. Mario Guzmán Sescosse

© Dr. Mario Guzmán Sescosse, 2021

Todos los derechos reservados. Queda prohibida la reproducción total o parcial de este libro, así como su incorporación a un sistema informático o su transmisión en cualquier forma o por cualquier medio, sea este electrónico, mecánico, por fotocopia, por grabación u otros métodos, sin el permiso previo y por escrito del autor. Está permitido citar fragmentos de la obra siempre y cuando se dé el debido crédito al autor. La infracción de los derechos mencionados puede ser constitutiva de delito contra la propiedad intelectual.

Cuidado editorial: María Luisa Peña Díaz Cortés y María Fernanda Oyarvide Ibarrola

Punto y Aparte. Asesoría en Redacción y Ortografía: www.ortografiayredaccion.com

Diseño de portada e interiores: María Luisa Peña Díaz Cortés

Imagen de cubierta: Mosaico con la representación de Cristo Pantocrátor. iStock.

Primera edición: abril 2021

Publicado por Seeds Family Services LLC
www.seedsfamilyservices.com

ISBN libro impreso: 978-1-7347903-2-0
ISBN libro electrónico: 978-1-7347903-3-7

Es por la verdad, no por la excelencia literaria, que vamos a la Sagrada Escritura; cada pasaje debe leerse a la luz de la inspiración que lo produjo, con miras a las ganancias de nuestras almas, no a la inteligencia de los argumentos.

THOMAS À KEMPIS

ÍNDICE

PRÓLOGO 7
AGRADECIMIENTOS 11
INTRODUCCIÓN 13
DÍA 1: 50 MILLONES 17
DÍA 2: JESÚS, LA ADOLESCENCIA Y LOS PADRES 27
DÍA 3: EL HOMBRE DEL DESIERTO Y LA FUNCIÓN DEL PADRE 35
DÍA 4: EL DEMONIO 43
DÍA 5: PERDÓN 51
DÍA 6: LOS ENEMIGOS 61
DÍA 7: LOS MILAGROS 69
DÍA 8: LAS ETAPAS DE LA FE Y LA CRISIS DE LA IGLESIA 79
DÍA 9: EL ΑΥΤΟΣ 89
DÍA 10: LA CREENCIA DEL MUNDO JUSTO 97
DÍA 11: TU OJO 107
DÍA 12: ANSIEDAD 115
DÍA 13: LA OSCURIDAD 125
DÍA 14: LOS DISCÍPULOS 133
DÍA 15: LA PSICOLOGÍA MASCULINA 141
DÍA 16: EL DIVORCIO 151
DÍA 17: VERANO DE LA VERGÜENZA 165
DÍA 18: COMO UN NIÑO 177

DÍA 19: LAS DIEZ MINAS 187

DÍA 20: LA RESURRECCIÓN 197

DÍA 21: LA PERSECUCIÓN CRISTIANA 207

DÍA 22: LA TRAICIÓN, LA EUCARISTÍA, PEDRO, LA HEMATIDROSIS Y LA ORACIÓN DE JESÚS 219

DÍA 23: "¡CRUCIFÍCALE! ¡CRUCIFÍCALE!" 233

DÍA 24: CORAZONES ARDIENTES 243

CONCLUSIÓN 251

PRÓLOGO

"El Dios de la religión bíblica es desconcertante, inquietante, imperioso y exigente. Puede ser chocante". Estas palabras del afamado teólogo católico norteamericano Scott Hahn me impactaron la primera vez que las leí. En primera instancia, resultan muy fuertes para la sensibilidad moderna, que ha caído en la "domesticación de la religión", es decir, en reducir la religión —más la cristiana— a una especie de placebo para obtener una tranquilidad aséptica y edulcorada con sentimentalismos y ayunos de doctrina empachada con emotivismos que carecen de cualquier compromiso radical con el mensaje bíblico.

El Jesús real y el Jesús bíblico son el mismo, a pesar de que desde la Ilustración, innumerables pensadores —"creyentes" y no creyentes— se han dedicado infatigablemente a desmontar la revelación de la encarnación del Hijo de Dios. Ya no hay un Jesús a quien se le pueda conocer, amar y seguir, sino simplemente admirar en el mejor de los casos, en el supuesto de que hubiese existido. Y, sin embargo, Jesús de Nazaret ha venido para ser nuestro alimento, no nuestro ansiolítico ni nuestro antidepresivo. Él no ha venido para que nos "sintamos" bien, sino para hacernos como Él, como dice san Pedro, "partícipes de la naturaleza divina" (2 Pe 1,4).

Prologar un libro como el que el lector tiene en sus manos es como la apuesta pascaliana: ¿y si la Biblia es más que un texto fijado y hierático que habla e interpela al lector? En otras palabras, si el contenido de la Biblia, y particularmente del Nuevo Testamento, no mueve al creyente a hacer de su fe una experiencia vital, entonces tendremos que claudicar en el intento de encontrar una respuesta existencial en ese libro que han leído millones de personas a lo largo de dos milenios.

Desde hace varios años, Mario Guzmán Sescosse se ha dado a la tarea de descubrir el secreto de la vida cristiana: el conocimiento de la Sagrada Escritura y su correlación con la vida cotidiana del creyente. Es bien sabido que, dentro del protestantismo, con su máxima *sola Scriptura*,[1] se ha generado una fragmentación interpretativa de la Biblia al grado de que ya muchos protestantes no saben más que recitar versículos de memoria, además de que se presenta un cristianismo emotivista que contrasta fuertemente con la visión que los antiguos padres de la Iglesia nos presentaban acerca de Jesús de Nazaret: Dios y hombre verdadero, *"perfectus Deus, perfectus homo".*

El resultado de ese cristianismo emotivista ha devenido en la conculcación del mensaje de conversión que presenta Jesús de Nazaret y en la sustitución de este mensaje por un evangelio terapéutico: busque usted un cómodo asiento en el templo de su preferencia y pronto encontrará un Dios accesible que quiere encontrarlo donde usted se halle, consolándolo y tranquilizándolo, manteniéndolo entretenido con música relajante durante el tiempo que usted determine. Así, Jesús se convierte en su "Señor y Salvador personal" como si fuera un entrenador personal de gimnasio o un *coach* prepagado.

Mario Guzmán nos ofrece una visión —que no interpretación en el sentido personalista al que aludimos arriba— fresca, cotidiana y accesible del mensaje de Jesús de Nazaret desde el Evangelio de san Lucas. Tomando en cuenta que el Evangelio lucano tiene veinticuatro capítulos, el autor nos propone una lectura de cada uno de ellos

---

[1] "Solo la Escritura". Tesis de Martín Lutero.

Prólogo

a lo largo de otros tantos días con el objeto de zambullirnos en el contenido que nos ofrece para tratar de extraer un mensaje aplicado a nuestra realidad cotidiana.

El autor ha soslayado intencionalmente la exégesis desde una perspectiva técnica o erudita para presentarnos una reflexión personal que mueva al lector a una vivencia comprometida del mensaje que el evangelista nos presenta. Mario no es el primero en observar que una predicación *light* de este Evangelio corresponde más bien al colapso de la cristiandad en el norte y el oeste de este mundo. Lea la Biblia desde el Génesis hasta el Apocalipsis y no encontrará a ese Dios amable y dulce en ninguna parte. Al mismo tiempo, por paradójico que parezca, "Dios es más íntimo a mí que yo mismo", como decía san Agustín.

En resumen, el libro que el lector tiene en sus manos nos presenta el mensaje evangélico *desde* la vida cotidiana, evitando así la tentación de presentar un Dios lejano o extraviado en el espacio sideral, así como el extremo opuesto, un "Dios-hágalo-usted-mismo", que diluya el núcleo del mensaje bíblico expresado por san Juan: "Porque tanto amó Dios al mundo que dio a su Hijo único para que todo el que crea en Él no perezca, sino que tenga vida eterna" (Juan 3,16).

Deseo al lector que estas páginas susciten en él un genuino deseo de profundizar más en la lectura y vivencia cotidiana del Evangelio, como lo expresaba el papa Francisco: "Dios no es un ser distante y anónimo: Él es nuestro refugio, la fuente de nuestra serenidad y nuestra paz".[2]

Pbro. Dr. Vicente Saucedo Torres

---

[2] Discurso en el ángelus, 26 de febrero de 2017.

AGRADECIMIENTOS

Quiero agradecer a mi esposa, Ana Sofía Arteaga, quien ha sido un hermoso apoyo, por más de veinte años de estar juntos y quince años de matrimonio, así como en la realización de este libro dándome sus sugerencias y correcciones. Estoy especialmente agradecido con ella por su amor, su dulzura y porque ya no somos dos, sino "una sola carne" (Mt 19,6).

A mis padres, por haberme transmitido la fe y nunca dejar de rezar por mi conversión.

Al padre Vicente Saucedo Torres, por ser un compañero en la preocupación, protección y amor por nuestra querida Iglesia, así como por sus atinadas observaciones, correcciones al texto y su generosidad con el prólogo que ha escrito para este libro. Su contribución ha enriquecido no solo las páginas de este texto; también lo ha hecho con mi amor por Dios.

Klaus Feldman no es solo un amigo querido y un colega de la psicología, sino un apasionado del Señor y un gran conocedor de la tradición y la Sagrada Escritura, ¡cosa rarísima en un psicólogo! Su paciente y fraternal corrección, así como su disposición para ayudarme a entender mejor lo que traté de hacer en estas páginas, son de un valor inmensurable para mí, y su labor se ve reflejada a lo largo del texto. De igual forma, a mi amigo y compañero de letras Manuel Cuevas, conocido por muchos como Miles Christi; ha sido a través de sus correcciones, comentarios y sugerencias, así como de sus publicaciones, una lámpara en un candelero, "para que los que entren vean la luz" (Lc 8,16).

Agradecimientos

Dedico un especial agradecimiento a Alejandro Cravioto y Felipe de Anda por sus atinados comentarios y sugerencias, además de su hermandad y compañerismo en la vida ascética.

Mi profundo agradecimiento a María Luisa Peña Díaz Cortés y a María Fernanda Oyarvide Ibarrola por el cuidado editorial de este libro, así como por el diseño de interiores y de la portada. Su labor va más allá de un trabajo técnico excelentemente realizado, pues su dedicación, aprecio por lo que hacen y sus correcciones y sugerencias al texto le imprimen una calidad y atención al detalle sinigual. Recomiendo ampliamente sus servicios. Pueden contactarlas en su página de internet: http://www.ortografiayredaccion.com.

Pero mi agradecimiento más especial es a Dios por su paciente misericordia, por sus paternales correcciones y represiones y, sobre todo, por su amor. Le pido que este libro y mi vida entera contribuyan, inmerecidamente y aunque sea en poco, a la construcción de su reino para que así un día, si Él me lo permite, pueda escucharlo decir: "¡Muy bien, siervo bueno!" (Lc 19,17).

INTRODUCCIÓN

En el Adviento del 2019,[1] propuse a mis alumnos, amigos, familiares y seguidores en redes sociales un reto católico: leer durante los veinticuatro días siguientes los veinticuatro capítulos del Evangelio de Lucas, un capítulo por día. Casualmente, ese año el Adviento solo tuvo veinticuatro días.

Realizada la invitación, me dispuse a escribir mis reflexiones de cada capítulo sobre diversos temas contenidos en el citado Evangelio que también están presentes en nuestra época. Como resultado, en este libro ofrezco los veinticuatro ensayos que desarrollé, correspondientes a cada uno de los capítulos.

Los ensayos abordan una diversidad de temas que fueron suscitados por las enseñanzas de Nuestro Señor Jesucristo. Aborto, matrimonio, ego, divorcio, psicología masculina, educación y formación de los hijos, depresión, ansiedad, afrontamiento de la adversidad, crecimiento postraumático, el desarrollo espiritual y de la fe, la crisis de la Iglesia y la muerte y resurrección de nuestro Señor son algunos de los temas que encontrarán en las páginas de este libro.

En el contenido de la obra se abordan elementos teológicos, psicológicos, éticos, morales, sociales y culturales. Sin embargo, las reflexiones no conforman un tratado teológico, doctrinal o eclesiástico. Teniendo en cuenta las cuatro formas de hermenéutica bíblica (literal, moral, alegórica y anagógica), es posible que algunos de estos ensayos pudieran formar parte de la hermenéutica moral y

---

[1] Este libro puede leerse en la época de Adviento o en cualquier momento del año litúrgico.

Introducción

alegórica o lo que podríamos llamar una hermenéutica psicológica.

Más allá de eso, el contenido de estas páginas está inspirado desde mi fe cristiana católica y también desde la disciplina a la que me he dedicado tanto en la práctica como en la docencia: la psicología. No busco psicologizar el mensaje bíblico; hacer eso representaría un atrevido agravio a la palabra de Dios. En realidad, el objetivo es transmitir, de manera realista, mis meditaciones personales provocadas por una sección del texto más importante de la historia de la humanidad, la Biblia, que nos habla a cada uno de nosotros.

Me he dispuesto a escribir y compartir estas reflexiones con la intención de promover un encuentro con la vida de Nuestro Señor, buscando que el lector pueda sacar algunas ideas prácticas que sean de utilidad en su vida diaria, tanto a nivel psicológico como espiritual.

En una época de sobreestimulación, de avance y preponderancia tecnológica y en medio de una sociedad secularizada y alejada de la religión, el mensaje de Jesús tiene una trascendente relevancia. Sus enseñanzas, con más de dos mil años de antigüedad, tienen una perenne vigencia y un significado para los hombres y mujeres de todos los tiempos y en especial para los de la época contemporánea.

Así pues, en este libro encontrarán veinticuatro reflexiones correspondientes a los veinticuatro capítulos del Evangelio de Lucas. Algunas están escritas con una narrativa un tanto informal y relajada; otras, con mayor formalidad y seriedad. No fue algo premeditado, sino el resultado de lo que el texto suscitó en mí en cada lectura. Además, es conveniente resaltar que el hilo conductor de estas reflexiones no es un tema central, sino la inspi-

Introducción

ración o el resultado de la *lectio divina* que cada día provocó la lectura del texto bíblico, de tal modo que los invito a no anticipar una continuación entre un capítulo y otro, sino a considerarlos como una diversidad de temas que pueden ayudarlos a ver los acontecimientos actuales a través de la luz de la Palabra. Hay una ventaja en ello: que el libro puede ser leído en cualquier época del año y no solo en el Adviento, de modo que ustedes pueden escoger leerlo de principio a fin o iniciar con los capítulos que más les interesen o saltar de uno a otro si así lo decidieran.

Además, en el texto verán el recurso literario de *story telling*, puesto que presento historias que han aparecido en los noticieros, que han sucedido a personas cercanas o incluso que son autobiográficas con la intención de que ustedes puedan poner en un contexto contemporáneo el contenido bíblico. De antemano pido disculpas por las referencias autobiográficas, pues no hay nada de ejemplar en mi vida; sin embargo, las presento por considerarlas facilitadoras en la reflexión que busqué compartir en algunos capítulos.

La Biblia que utilizo para mi lectura personal es *The Holy Bible Revised Standard Version*, que fue un hermoso regalo dado por mi esposa e hijos en el Día del Padre del 2019. Sin embargo, para evitar problemas de traducción, las citas presentadas en este libro fueron tomadas de la Biblia de Jerusalén, como tuvo a bien proponerlo mi amigo y colega Klaus Feldman.

Espero, pues, que la lectura de este libro ayude a cumplir el propósito para el que ha sido creado y que pueda transmitir a ustedes el profundo amor y respeto que tengo tanto para Nuestro Señor Jesucristo como para sus enseñanzas recopiladas en el Evangelio de Lucas y

Introducción

para su santa Iglesia católica. Y, si es posible, para contribuir —aunque sea en poco— a que más personas experimenten el mismo amor y respeto por Él.

Con amor y en Cristo.

Dr. Mario Guzmán Sescosse

DÍA 1: 50 MILLONES

Lucas 1,39-45

En aquellos días, se levantó María y se fue con prontitud a la región montañosa, a una ciudad de Judá; entró en casa de Zacarías y saludó a Isabel. Y sucedió que, en cuanto oyó Isabel el saludo de María, saltó de gozo el niño en su seno, e Isabel quedó llena de Espíritu Santo; y exclamando con gran voz, dijo: «Bendita tú entre las mujeres y bendito el fruto de tu seno; y ¿de dónde a mí que la madre de mi Señor venga a mí? Porque, apenas llegó a mis oídos la voz de tu saludo, saltó de gozo el niño en mi seno. ¡Feliz la que ha creído que se cumplirían las cosas que le fueron dichas de parte del Señor!»

Día 1: 50 millones

El 27 de enero del 2019, mi familia y yo acudimos a la misa dominical. El padre Mark Bernhard predicaría ese día y, como es costumbre con él, anticipábamos una potente homilía. Sin embargo, ninguno de los congregados esperábamos escuchar lo que ahí se dijo. A medio sermón, el joven sacerdote le pidió a Nancy Kreuzer que pasara al frente y compartiera con nosotros su historia. Jamás había visto a un sacerdote hacer eso, por lo que no supe cómo reaccionar. Pensé: "¿Un laico nos dará la homilía?". Sin embargo, esta siguió a cargo del padre Bernhard, mientras que Kreuzer compartió con nosotros un fuerte testimonio con motivo de la marcha provida que se acababa de celebrar en Estados Unidos.

Nancy, con calma y pausadamente, sacó una hoja y empezó a leer lo que había preparado. Veinte años atrás, siendo una joven casada y esperando una niña a quien había decidido llamar Melanie, el doctor le informó que su bebé, de cinco meses y medio de gestación, presentaba síndrome de Down e hidrocefalia. El médico comentó que lo que debía de proceder era un aborto. Todo sucedió rápidamente; no le dieron más detalles o explicaciones de lo que sucedería ni de lo que ella experimentaría durante y después del aborto. Confundida, atemorizada y sin nadie que la orientara para explorar otras opciones, Nancy no preguntó más y accedió a la indicación del médico. Debido a que el embarazo ya había alcanzado el segundo trimestre, el aborto se realizó en etapas a lo largo de dos días. En la primera, tendrían que matar a Melanie y, en la segunda, desmembrarla y sacarla a pedazos del vientre de su madre. Durante los dos días del procedimiento, Nancy padeció un profundo malestar físico y emocional. Pero este sufrimiento no terminó con la remoción de la última parte del cuerpo de su bebé; en realidad, aquello era tan solo el principio de un largo proceso de desesperación e intranquilidad emocional.

Los siguientes años, Nancy experimentó pesadillas, *flashbacks*, ansiedad, insomnio, duelo patológico e intensa reacción emocional al llanto de los bebés, incluso al de su segundo hijo, al que tuvo años después del aborto. Padecía lo que distintos autores han llamado *síndrome postaborto*. Decidió acudir a terapia en varias ocasiones, pero rápidamente renunciaba. Los terapeutas jamás le mencionaron lo que ella intuía: había una conexión entre lo que experimentaba y lo que había decidido hacer con su hija.

Ocho años después del aborto, Nancy sintió el profundo llamado de Jesús para retomar el curso de su vida y hacer algo con el dolor y el sufrimiento que venía cargando, por lo que se convirtió al catolicismo. Al poco tiempo de su conversión, sintió el fuerte impulso de investigar lo que había hecho. Día y noche sentía la necesidad de saber qué había decidido hacer con su hija, en qué consistía un aborto en el segundo trimestre de embarazo. Las palabras del Evangelio de Juan 8,32 resonaban constantemente en su interior: "Y conoceréis la verdad y la verdad os hará libres". Finalmente encontró el valor para hacerlo y dio clic a los videos en internet. Lo que vio la perturbó, la llenó de profunda tristeza. En ese momento se daba cuenta de que lo que había sucedido veinte años atrás era el asesinato de un ser humano, el de su hija. Desconsolada y rezando dentro de una iglesia, encontró una imagen de María llorando por su hijo, al que también habían asesinado. En la imagen estaban inscritas las palabras de Nuestro Señor: "Padre, perdónales, porque no saben lo que hacen" (Lc 23,34).

Día 1: 50 millones

La verdad la hizo libre. Nancy pudo experimentar el amor y el perdón de Dios por la decisión que había tomado veinte años atrás, y gracias a su conversión y a su valentía, ahora dedica su vida a alzar la voz por los no nacidos, a defender a aquellos seres humanos que, como su hija Melanie, corren el riesgo de ser asesinados.

La historia de Nancy y Melanie es un recordatorio de lo lejos que hemos llegado en la sociedad contemporánea en relación con el desprecio a la vida humana, especialmente a la de los no nacidos. Por su parte, Lucas, en el primer capítulo de su Evangelio, nos presenta una historia completamente diferente. María visita a su pariente Isabel, quien la recibe con profunda alegría, y el niño en el vientre de Isabel salta de gozo a la vez que ella queda llena del Espíritu Santo. Es una conmovedora escena de dos mujeres embarazadas. Una, anciana y desgastada, que lleva en su seno a un profeta, y la otra, joven y desposada pero aún no casada, que lleva al Mesías. Las dos han sido elegidas por Dios para dar vida y protección a aquellos que cambiarán el mundo para siempre.

Detengámonos a pensar por un momento en las difíciles circunstancias de estas dos mujeres. La primera está encinta a una edad avanzada, situación que incrementa el riesgo en su salud. Recordemos que en aquel tiempo era frecuente que la madre muriera durante el parto; ¡ahora imaginemos las probabilidades que tendría una anciana! La segunda mujer, una jovencita, acepta quedar embarazada en una sociedad donde concebir fuera del matrimonio puede costarle la vida. Ahí están, pues, dos valientes mujeres, una anciana y otra adolescente, cargando en su vientre el futuro de la humanidad y el acontecimiento más importante en la historia del hombre. Las dos, a pesar de todo, aceptando ser esclavas del Señor: "hágase en mí según tu palabra" (Lc 1,38).

Día 1: 50 millones

Pensemos ahora en las mujeres de nuestra época que, como Nancy, experimentan temor ante el embarazo y los planes de Dios para su vida. Así veo a las adolescentes que semana tras semana entran a Planned Parenthood,[1] mujeres que, al igual que María e Isabel, están embarazadas, pero que a diferencia de ellas deciden matar a su hijo en lugar de recibirlo. María prefirió arriesgar su vida que poner en peligro la de su hijo; se abandonó en Dios. En cambio, ahora Dios es abandonado y reemplazado, de tal forma que los hombres y mujeres de nuestra época actúan como diciendo: "Hágase en mí según mi palabra y no la tuya".

Ahora bien, también es importante recordar que María e Isabel tuvieron a su lado a dos grandes hombres que no las dejaron solas. José y Zacarías aceptaron los designios de Dios y supieron que su labor era proteger a esas dos mujeres y a los niños en sus vientres. Hoy los atemorizados novios o "amigos con derechos" dejan a esas jovencitas en las puertas del abortatorio para que maten a sus hijos, mientras ellos cobardemente se van al Starbucks de la esquina a tomar un café y un par de horas después regresan por ellas. Eso es lo que duró su supuesta responsabilidad: ¡dos horas y un Starbucks!

Pareciera que en esta generación se está perdiendo el sentido del sacrificio y la fe en Dios, ya que, presas de los temores, quienes acuden al aborto no aceptan ni el compromiso ni el sacrificio, y menos lo que Dios tiene preparado para ellos. ¿Cuántos aún no nacidos carecen de la

---

[1] Planned Parenthood Federation of America, Inc. (PPFA), o Planned Parenthood, es una organización en Estados Unidos dedicada a promover y proveer el aborto en todas las etapas del embarazo, así como de ofrecer tratamientos contraceptivos.

Día 1: 50 millones

bendición de contar con padres valientes dispuestos a sacrificarse por ellos, como la que tuvieron Jesús y Juan? ¿Cuántos hijos como Melanie son asesinados día con día en los abortatorios? La respuesta es escalofriante: más de 130,000 diarios a nivel mundial, lo que equivale a una cifra anual promedio de 50 millones en el mundo, según la Organización Mundial de la Salud.[2]

Es sorprendente que María y José e Isabel y Zacarías aceptaran situaciones tan complicadas y peligrosas en una época culturalmente difícil y con tan pocos avances médicos y tecnológicos. En cambio, millones de mamás y papás de la sociedad contemporánea experimentan un gran temor ante el embarazo o al saber que el hijo que esperan presenta alguna condición médica y deciden matar a sus pequeños en lugar de abrirse a los planes que Dios tiene para ellos y sus hijos.

Afortunadamente, cada vez son más y más las personas que como Nancy levantan la voz para que tomemos conciencia de lo que en realidad es el aborto y de sus consecuencias. Cada vez es mayor el número de mujeres que se arrepienten de su decisión y buscan que otros no sigan ese mismo camino de muerte, desolación y tristeza. Nancy y Melanie son más que otras víctimas de la industria del aborto; son en realidad un hermoso ejemplo del amor y de la misericordia de Dios, que todo lo renueva. El testimonio y el apostolado de Nancy nos recuerdan que, sin importar qué tan graves hayan sido nuestras acciones o nuestros pecados, Dios siempre está dispuesto a perdonarnos y a permitirnos una nueva vida. Lo único

---

[2] Worldometers es una página web que contabiliza los abortos realizados hasta el momento con base en los datos presentados por la Organización Mundial de la Salud. Las cifras se pueden consultar en https://www.worldometers.info/abortions/

que pide a cambio es que tengamos la disposición para arrepentirnos y seguirlo a donde quiera que Él nos lleve.

    Los invito a todos a seguir el ejemplo de María y José para que, en cada Adviento, en cada comunión, en cada día y en cada adversidad, sean ellos el ideal de aceptación de la voluntad de Dios, así como de rendición a ella, y que sepamos recibir a Jesús en nuestras vidas. También los invito a seguir el ejemplo de Nancy en su defensa de los no nacidos. Y especialmente exhorto a quienes han participado en abortos a que escuchen el testimonio de esta valiente mujer. Que su historia sirva para su conversión y para que se abran al perdón de Dios buscando que más y más personas conozcan la verdad sobre el aborto, pues la verdad nos hará libres.

DÍA 2: JESÚS, LA ADOLESCENCIA Y LOS PADRES

Lucas 2,40-52

El niño crecía y se fortalecía, llenándose de sabiduría; y la gracia de Dios estaba sobre Él. Sus padres iban todos los años a Jerusalén a la fiesta de la Pascua. Cuando tuvo doce años, subieron ellos como de costumbre a la fiesta y, al volverse, pasados los días, el niño Jesús se quedó en Jerusalén, sin saberlo sus padres. Pero creyendo que estaría en la caravana, hicieron un día de camino, y le buscaban entre los parientes y conocidos; pero al no encontrarle, se volvieron a Jerusalén en su busca. Y sucedió que, al cabo de tres días, le encontraron en el Templo sentado en medio de los maestros, escuchándoles y preguntándoles; todos los que le oían, estaban estupefactos por su inteligencia y sus respuestas. Cuando le vieron, quedaron sorprendidos, y su madre le dijo: «Hijo, ¿por qué nos has hecho esto? Mira, tu padre y yo, angustiados, te andábamos buscando.» Él les dijo: «Y ¿por qué me buscabais? ¿No sabíais que yo debía estar en la casa de mi Padre?» Pero ellos no comprendieron la respuesta que les dio. Bajó con ellos y vino a Nazaret, y vivía sujeto a ellos. Su madre conservaba cuidadosamente todas las cosas en su corazón. Jesús progresaba en sabiduría, en estatura y en gracia ante Dios y ante los hombres.

Día 2: Jesús, la adolescencia y los padres

Muy poco sabemos de la infancia y la adolescencia de Jesús. Los Evangelios de Marcos y de Juan ni siquiera mencionan esas etapas. El Evangelio de Mateo solo menciona su nacimiento, la visita de los Reyes Magos y el escape a Egipto. Es en el capítulo 2 del Evangelio de Lucas donde se habla más sobre la infancia y la adolescencia de Jesús.

La narración en el Evangelio permite imaginar a María y a José aprendiendo a ser padres y enfrentando grandes dificultades. Primero, huyendo para que su hijo no fuera asesinado; después, superando la adversidad de establecerse en una tierra ajena y de encontrar una forma de subsistir, y todo esto mientras criaban nada más y nada menos que al Hijo de Dios. Además, es menester recordar que la condición divina de Jesús no suprimió su naturaleza humana, por lo que también fue un niño que jugaba y que probablemente hasta se tropezaba y se caía. Un niño que, como todos, debió de haber suscitado preocupaciones en sus padres. Como aquel ícono que lo representa jugando en el taller de carpintería de José con clavos, maderas y las herramientas del papá. Es de suponer que María y José experimentaron no solo la preocupación que todos los padres sentimos ante los peligros potenciales, sino, además, la responsabilidad de dar cuentas al Padre celestial de la crianza de su Hijo.

En ese sentido, la adolescencia de Jesús debió de haber sido especialmente importante para ellos, pues, como todo chico y adolescente, empezó a buscar su lugar en el mundo, a distanciarse de sus padres y a perseguir conocimiento y experiencias lejos de ellos. A María y José (como a la mayoría de los padres de adolescentes) no les debió de resultar fácil ajustarse y adaptarse a estos cambios; incluso, probablemente se sintieron contrariados.

Día 2: Jesús, la adolescencia y los padres

Contando con doce años, al regresar de la fiesta de la Pascua, Jesús decidió quedarse en Jerusalén sin avisar a sus padres. Ellos, sin saber nada de su hijo, lo buscaron durante tres días hasta que finalmente lo encontraron en el templo haciendo preguntas y escuchando a los maestros, mientras todos se quedaban sorprendidos por su sabiduría (Lc 2,46). Entonces apareció María con el reproche: "Hijo, ¿por qué nos has hecho esto? Mira, tu padre y yo, angustiados, te andábamos buscando" (Lc 2,48), a lo que Jesús le contestó: "Y ¿por qué me buscabais? ¿No sabíais que yo debía estar en la casa de mi Padre?". ¿Qué deberíamos pensar de Jesús? ¿Que fue un insolente? ¿Un desobediente? Tal vez esa sería la respuesta de cualquier madre o padre, pero no fue la de María, pues ella reaccionó guardando "cuidadosamente todas las cosas en su corazón" (Lc 2,51). Ella, llena del Espíritu Santo, comprendió que Jesús no desobedecía ni se rebelaba contra ella y José, sino que en realidad Jesús era obediente y sumiso a la voluntad del Padre. Y, sin embargo, el texto nos hace ver que después de esta aparente rebeldía, Jesús "bajó con ellos y vino a Nazaret, y vivía sujeto a ellos" (Lc 2,51) y que "Jesús progresaba en sabiduría, en estatura y en gracia ante Dios y ante los hombres" (Lc 2,52). Él era obediente a la voluntad del Padre, pero también respetaba y honraba a María y José como sus padres en la Tierra.

Los papás de adolescentes pueden aprender mucho de este pasaje bíblico. Por un lado, nos habla de la necesidad que tienen los hijos de probar la independencia, de abrirse camino y de encontrar su propósito y sentido en la vida. De identificar su vocación o el llamado que Dios les hace para seguir su voluntad. Por otro lado, nos habla también de cómo, de manera natural, los papás se resisten a los cambios que ven en sus hijos y de cómo se preocupan por la independencia que estos buscan alcanzar y por los peligros que pueden enfrentar. Pero también nos habla de cómo los padres pueden hacer frente a dicha situación, "guardando" lo que pasa en su corazón. Sin meditar el propósito que tienen sus hijos al perseguir la independencia o sin preguntarse por qué la anhelan, sin entender que los hijos están llamados a dejar a los padres y que el proceso de la adolescencia es de exploración y de búsqueda de otras influencias, sin eso, los papás pueden apresurarse a imponer su autoridad a la vez que lastiman la relación con los hijos. Por ello, es interesante ver cómo al tiempo que María meditaba lo sucedido, Jesús se sujetaba a ella y a José. En otras palabras, María nos invita a recordar que con los hijos la prudencia y la fe en Dios traen mayores resultados que la fuerza.

Finalmente, el texto termina diciéndonos que "Jesús progresaba en sabiduría, en estatura y en gracia ante Dios y ante los hombres". Ese es el llamado de la adolescencia, el llamado a progresar, a crecer. Es interesante ver cómo incluso Nuestro Señor tuvo que pasar por este proceso. ¡Cuánto más habrán de hacerlo nuestros hijos! Por eso la calma y la paciencia de María junto con la firmeza de José son indispensables para los papás de hijos adolescentes. Permitir la independencia de los hijos a la vez que establecer límites apropiados es hacer un adecuado ejercicio de la autoridad. Pero también es importante recordar que Dios tiene un plan para cada uno de los hijos, incluso si resulta difícil comprenderlo, como les pasó a José y María (Lc 2,50). Por ello, los padres han de "guardar cuidadosamente todas las cosas" en sus corazones para comprender cuál es la voluntad de Dios para con sus hijos y para con ellos mismos.

DÍA 3: EL HOMBRE DEL DESIERTO Y LA FUNCIÓN DEL PADRE

Lucas 3,1-6

En el año quince del imperio de Tiberio César, siendo Poncio Pilato procurador de Judea, y Herodes tetrarca de Galilea; Filipo, su hermano, tetrarca de Iturea y de Traconítida, y Lisanias tetrarca de Abilene; en el pontificado de Anás y Caifás, fue dirigida la palabra de Dios a Juan, hijo de Zacarías, en el desierto. Y se fue por toda la región del Jordán proclamando un bautismo de conversión para perdón de los pecados, como está escrito en el libro de los oráculos del profeta Isaías: Voz del que clama en el desierto: Preparad el camino del Señor, enderezad sus sendas; todo barranco será rellenado, todo monte y colina será rebajado, lo tortuoso se hará recto y las asperezas serán caminos llanos. Y todos verán la salvación de Dios.

Lucas 3,15-18

Como el pueblo estaba a la espera, andaban todos pensando en sus corazones acerca de Juan, si no sería él el Cristo; respondió Juan a todos, diciendo: «Yo os bautizo con agua; pero viene el que es más fuerte que yo, y no soy digno de desatarle la correa de sus sandalias. Él os bautizará en Espíritu Santo y fuego. En su mano tiene el bieldo para limpiar su era y recoger el trigo en su granero; pero la paja la quemará con fuego que no se apaga.» Y, con otras muchas exhortaciones, anunciaba al pueblo la Buena Nueva.

Lucas 3,21-23

Sucedió que cuando todo el pueblo estaba bautizándose, bautizado también Jesús y puesto en oración, se abrió el cielo, y bajó sobre Él el Espíritu Santo en forma corporal, como una paloma; y vino una voz del cielo: «Tú eres mi hijo; yo hoy te he engendrado.» Tenía Jesús, al comenzar, unos treinta años, y era según se creía hijo de José, hijo de Helí.

Día 3: El hombre del desierto y la función del padre

El capítulo 3 del Evangelio de Lucas está lleno de sabiduría. Es un capítulo para visitarse múltiples veces y dejarse envolver en su misterio y enseñanza. Comienza narrando la labor de Juan el Bautista, un hombre que vive en el desierto y ahí recibe la palabra de Dios, la cual será el alimento espiritual que le servirá para ir y advertir a todos de la realidad del Infierno, de la necesidad de la conversión y de la importancia de hacer el bien. Su valentía le costará la libertad e incluso la vida. Su recompensa será ser la "voz del que clama en el desierto: 'Preparad el camino del Señor, enderezad sus sendas'" (Lc 3,4). ¿Qué mayor recompensa que hacer la voluntad de aquel que nos ha dado todo, del Creador de la vida?

Es interesante la imagen del desierto: ¿quién vive ahí?, ¿cómo se sobrevive en medio de la nada? Pero Juan no es un hombre cualquiera. En el Evangelio de Marcos se dice que "tenía un vestido de pelo de camello con un cinturón de cuero a la cintura, y se alimentaba de saltamontes y miel silvestre" (Mc 1,6). Es decir, Juan había pasado largo tiempo viviendo en el desierto en soledad, como un asceta, como un ermitaño. Había experimentado la vulnerabilidad de estar solo frente a la naturaleza (y quizá también la vulnerabilidad de estar frente a su propia naturaleza), sin tecnología ni herramientas. Hay quienes aseguran que no eran saltamontes o langostas lo que él comía, sino una semilla llamada *carob* que los beduinos conocían como langosta. Incluso, hasta el día de hoy, en Israel se habla del *Saint John's bread* en referencia al maná, el alimento del que pudo haber dispuesto este misterioso individuo para subsistir. Como haya sido, este hombre despojado de civilización, envuelto en lo salvaje y en la carencia total, fue capaz de recibir la palabra de Dios y de convertirse en un profeta, en un precursor de Cristo.

Día 3: El hombre del desierto y la función del padre

El pueblo de Dios pasó cuarenta años en el desierto. Jesús pasó cuarenta días y cuarenta noches en él. Los padres del desierto también decidieron dejarlo todo e irse a vivir ahí, en medio de la nada. Pero no solo en la tradición judeocristiana se ven el desierto, lo salvaje y la naturaleza como los medios para encontrar el sentido y el propósito de nuestra existencia. Robert Bly, en su libro *Iron John*, nos habla de cómo el hombre salvaje ha sido representado en diversas culturas y obras literarias como aquel que puede ver lo que los demás no ven; de cómo en medio de la naturaleza y despojado de civilización, el hombre silvestre puede encontrar el mensaje esencial, la voz de su conciencia, la voz de Dios. Así lo hizo Juan: él encontró un mensaje esencial y su misión en la vida, la de ir y exhortar a todos a arrepentirse, a convertirse y a hacer el bien. Aunque ello le costara su propia vida.

Con este asceta, con este misterioso hombre del desierto, Jesús decide iniciar su ministerio. Con él se presenta a la vida pública, eligiendo el bautismo. En esta imagen se encierra algo verdaderamente hermoso: Jesús va con este hombre que está en contacto con la naturaleza, con su naturaleza, con la naturaleza de Dios, para asumir que ha llegado la hora de cumplir con la misión que le ha sido encomendada. Como lo indicó Benedicto XVI, Jesús hizo esto no como una experiencia vocacional,[1] sino como un "camino de abajamiento y de humildad que el Hijo de Dios eligió libremente para adherirse al proyecto del Padre, para ser obediente a su voluntad de amor por el hombre en todo, hasta el sacrificio

---

[1] Ver *Jesús de Nazareth*, ed. Planeta pp. 46 y 47.

en la cruz"[2] es un acto de solidaridad con todos nosotros. Ahí, en medio del bautismo, Dios Padre y Dios Espíritu Santo se hacen presentes, el primero emitiendo una voz desde el Cielo: "Tú eres mi hijo; yo hoy te he engendrado" y el segundo tomando la forma de una paloma (Lc 3,22).

¡Qué experiencia tan extraordinaria! ¡Qué mensaje tan potente ha recibido Jesús! Ha escuchado la palabra del Padre de una manera especial: Él lo ha reafirmado como *su* hijo. Otras variaciones y traducciones de este pasaje incluso señalan que la voz dijo: "Tú eres mi hijo amado, en ti me complazco". Lo mismo en la versión en inglés, donde se dice: *"You are my beloved Son; with you I am well pleased".*

Qué importante momento para Jesús: su Padre lo ha reconocido públicamente como su hijo, le ha dicho que lo ama y le ha confesado su satisfacción y su alegría de que Él sea su hijo. ¿Qué podemos aprender de todo esto? ¿Cómo podemos aplicarlo en la vida diaria?

Como Juan, todos necesitamos retirarnos al desierto, salir del bullicio de la gente, de la ilusión de las ciudades y de la tecnología, para volver a contactar con la naturaleza, con nuestra naturaleza. Debemos entrar en el silencio del desierto sin distracciones, sin civilización, sin aprendizajes previos, como ascetas, como hombres primitivos para poder recuperar la inocencia. Entonces así encontraremos el propósito y sentido de nuestra existencia, la misión que se nos ha encomendado. Así podremos escuchar la voz de Dios. Tal vez sea imposible dejarlo todo e irnos cuarenta días y cuarenta noches como lo

---

[2] Ver homilía del santo padre Benedicto XVI: Fiesta del Bautismo del Señor. Celebración de la Santa Misa y Administración del Bautismo, en http://www.vatican.va/content/benedict-xvi/es/homilies/2013/documents/hf_ben-xvi_hom_20130113_battesimo.html

Día 3: El hombre del desierto y la función del padre

hizo Jesús, pero tal vez podemos integrarlo en nuestra rutina diaria, ir al bosque con frecuencia, acudir a retiros, cultivar el silencio en nuestra vida o participar en el programa para hombres Exodus 90, que consta de tres elementos: oración, ascetismo y fraternidad durante 90 días.[3] ¡Cuánto podemos aprender en la *docta ignorantia* que es fruto del silencio! ¡Cuánto hay que descubrir en la oración de Jesús!

Antes de concluir este ensayo, es necesario agregar algo más sobre la función del padre. Dios Padre, a través de su íntima relación con Jesús, nos ha dado una importante lección a todos los que somos papás aquí en la Tierra: lo primero y más importante que tenemos que hacer con nuestros hijos es reconocerlos, amarlos y regocijarnos en ellos. A partir de ahí surgirá un vínculo indisoluble, como el del Hijo y el Padre (el *filioque*,[4] el vínculo del Espíritu Santo), que permitirá a nuestros hijos no solo sentirse reafirmados, sino acompañados mientras se enfrentan al mundo, mientras van y cumplen con la misión que les ha sido encomendada. Mientras aceptan y abrazan su propia cruz.

Es el vínculo, el Espíritu, el amor, la relación entre el Padre y el Hijo lo que lo puede todo.

---

[3] Para conocer más del programa Exodus 90 se puede visitar su página web: https://exodus90.com

[4] Para un análisis detenido sobre la cláusula *filioque* y su controversia entre la Iglesia católica y la ortodoxa, se puede consultar el siguiente enlace de la Conferencia Episcopal de Estados Unidos: http://www.usccb.org/beliefs-and-teachings/ecumenical-and-interreligious/ecumenical/orthodox/filioque-tema-que-divide-iglesia-espanol.cfm

DÍA 4: EL DEMONIO

Lucas 4,1-13

Jesús, lleno de Espíritu Santo, se volvió del Jordán, y era conducido por el Espíritu en el desierto, durante cuarenta días, tentado por el diablo. No comió nada en aquellos días y, al cabo de ellos, sintió hambre. Entonces el diablo le dijo: «Si eres Hijo de Dios, di a esta piedra que se convierta en pan.» *Jesús le respondió: «Está escrito: No sólo de pan vive el hombre.» Llevándole a una altura le mostró en un instante todos los reinos de la tierra; y le dijo el diablo: «Te daré todo el poder y la gloria de estos reinos, porque a mí me ha sido entregada, y se la doy a quien quiero. Si, pues, me adoras, toda será tuya.» Jesús le respondió: «Está escrito: Adorarás al Señor tu Dios y sólo a Él darás culto.»* Le llevó a Jerusalén, y le puso sobre el alero del Templo, y le dijo: «Si eres Hijo de Dios, tírate de aquí abajo; porque está escrito: A sus ángeles te encomendará para que te guarden. Y: En sus manos te llevarán para que no tropiece tu pie en piedra alguna.» *Jesús le respondió: «Está dicho: No tentarás al Señor tu Dios.» Acabada toda tentación, el diablo se alejó de Él hasta un tiempo oportuno.*

Día 4: El demonio

En el capítulo 4 del Evangelio de Lucas escuchamos por primera vez hablar sobre el demonio. No como un símbolo o como una analogía, sino como una entidad real. Un ser con la soberbia de tentar a Jesús después de sus cuarenta días y cuarenta noches en el desierto. Un ser con la astucia de tentar la naturaleza humana de Jesús en tres ocasiones:

1. "Entonces el diablo le dijo: 'Si eres hijo de Dios, di a esta piedra que se convierta en pan'" (Lc 4,3).
2. "Te daré todo el poder y la gloria de estos reinos, porque a mí me ha sido entregada, y se la doy a quien quiero. Si, pues, me adoras, toda será tuya" (Lc 4,6-7).
3. "Si eres hijo de Dios, tírate de aquí abajo; porque está escrito: 'A sus ángeles te encomendará para que te guarden'. Y: 'En sus manos te llevarán para que no tropiece tu pie en ninguna piedra'" (Lc 4,9-11).

La primera tentación tiene que ver no solo con el apetito y el deseo físico, sino con una necesidad vital, con la *supervivencia*. Pero no entendida esta como las acciones básicas para subsistir, sino vista como el fin último. Recordemos que Jesús no había probado alimento, por lo que estaba hambriento (Lc 4,2); su vida humana estaba en peligro. El demonio sabía de su vulnerabilidad; su naturaleza humana estaba en juego. La segunda tentación está encaminada a una debilidad humana, el *deseo de poder y dominio sobre los otros*. La historia nos enseña una y otra vez que el ser humano es presa de su deseo de poder; que está dispuesto a sacrificar vidas inocentes, la familia y la paz con tal de obtener control y poder. Es una profunda tendencia humana que se repite una y otra vez; lo vemos

Día 4: El demonio

en los políticos, lo vemos en las jerarquías, lo vemos en cada uno de nosotros. La tercera tentación probablemente es la más potente de todas: es la tentación del *ego*. Jesús es tentado con demostrar que Él es verdaderamente el Hijo de Dios, que Él es poderoso, que Él es especial. El demonio esperaba que Jesús le contestara como lo hacen los engreídos cuando son detenidos por la Policía: "¿Qué no sabes quién soy yo? ¡No sabes con quién te estás metiendo!".

Supervivencia, poder y *ego* son las tres tentaciones que el demonio utilizó contra Jesús. Las mismas tres tentaciones que utiliza en contra de todos nosotros.

En mi función de psicólogo he atendido innumerables casos de personas angustiadas por perder su trabajo, por no contar con lo suficiente para mantener a su familia y terminar en riesgo de perder lo que tienen. Lo mismo con el temor de enfermarse o de que algo terrible les suceda. Es la tentación de la supervivencia como fin último en la vida. La tentación del poder también suele ser motivo de consulta. Por un lado, la tienen personas ambiciosas que no han aprendido el valor que encierra la palabra *suficiente* y que, a pesar de tener lo que muchos jamás verán en toda su vida, están dispuestas a sacrificar su relación con Dios, con su familia, con sus amigos, e incluso su propia salud con tal de lograr más, con tal de conquistar el mundo. Esta tentación también se presenta en personas que, con tal de obtener el poder que tanto desean, trasgreden los límites que nos permiten vivir en paz. Podemos ver sus efectos en familias destruidas por herencias, personas en organizaciones criminales, políticos corruptos, personas consumidas por la tentación del poder en forma de avaricia. Finalmente, la tentación del ego es otra razón por la que la gente acude a consulta, y, como lo decía, es la

Día 4: El demonio

más potente de todas. Son propensas a caer en ella las personas que no aceptan que la vida no es como la desean. Las personas que creen que, por su apellido, sus recursos o su popularidad merecen un trato especial. Aquellos que creen que son más importantes que los demás. Aquellos que olvidan que hoy viven, pero que mañana morirán; que hoy están y mañana ya no. Personas que olvidan que ellas también terminarán en putrefacción, emitiendo un pestilente hedor mientras son devoradas por gusanos y larvas mientras el mundo se olvida de ellas y continúa con su incesante frenesí. Todo esto lo he visto en algunos de mis pacientes, pero también lo he visto en mí. La vulnerabilidad es universal, y la tentación se anida ahí donde nos es común a todos.

Memento mori: ¡recuerda que tú también morirás! Jesús lo sabía muy bien. Él también tendría que morir, Él había nacido para morir. Él no había nacido para sobrevivir indefinidamente ni para acumular poder ni para proteger su ego. Él había nacido para morir. Él sabía que "si el grano de trigo no cae en tierra y muere, queda él solo; pero si muere, da mucho fruto" (Jn 12,24).

Sorprende, pues, ver cómo hoy nos hemos olvidado del demonio. Vivimos creyendo que no existe, que es solo una alegoría o un símbolo. Incluso, quienes deberían advertirnos de su existencia hoy la niegan. Tal vez esa ha sido su mayor victoria. Pero se equivoca quien piense así, pues se aleja de la fe y de la doctrina cristiana. Como aseguraba el padre Amorth: "Juan Pablo II me dijo: 'Quien no cree en el demonio, no cree en el Evangelio'".[1] Si un oficio

---

[1] Para saber más sobre la controversia suscitada por el padre Arturo Sosa S. J. y la respuesta de distintos exorcistas, se puede consultar el siguiente enlace:
http://www.infocatolica.com/?t=noticia&cod=29559

Día 4: El demonio

practicó Jesús, fue el de exorcista (el mismo del padre Amorth). A partir de su experiencia con el diablo, Jesús iba de un lugar a otro expulsando demonios. Solo aquel que no niega su presencia puede enfrentarlo.

Pero lo más importante no son las tentaciones de Satanás, sino las respuestas de Jesús:

1. "Está escrito: no sólo de pan vive el hombre" (Lc 4,4).
2. "Está escrito: adorarás al Señor tu Dios y solo a Él darás culto" (Lc 4,8).
3. "Está dicho: no tentarás al Señor tu Dios" (Lc 4,12).

Jesús nos muestra el camino una vez más. En su naturaleza divina nos enseña cómo hacer frente al demonio. Nos muestra que cuando las tentaciones de la supervivencia como fin último, del poder y del ego se hacen presentes, la solución es volver a Dios. Cuando tenemos carencia, volver a Dios. Cuando tenemos deseo de bienes materiales, volver a Dios. Cuando nos sentimos ofendidos y queremos demostrar nuestra importancia, volver a Dios.

Dios es la respuesta. Dios es quien importa. Lo importante no eres tú ni lo soy yo, ni siquiera lo es el demonio; solo lo es Dios. Recuerda que desde la aparición del diablo en el Paraíso, su misión ha sido la de confundirnos, hacernos creer que podemos ser como Dios. Convencernos de que podemos prescindir de Él (Gén 3,4-5). Ese es su máximo objetivo, y hoy, en nuestra sociedad secularizada, pareciera que lo está logrando; por eso la solución es más relevante que nunca: ¡volvamos a Dios!

DÍA 5: PERDÓN

Lucas 5,17-26

Un día que estaba enseñando, había sentados algunos fariseos y doctores de la ley que habían venido de todos los pueblos de Galilea y Judea, y de Jerusalén. El poder del Señor le hacía obrar curaciones. En esto, unos hombres trajeron en una camilla a un paralítico y trataban de introducirle, para ponerle delante de Él. Pero no encontrando por dónde meterle, a causa de la multitud, subieron al terrado, le bajaron con la camilla a través de las tejas, y le pusieron en medio, delante de Jesús. Viendo Jesús la fe de ellos, dijo: «Hombre, tus pecados te quedan perdonados». Los escribas y fariseos empezaron a pensar: «¿Quién es éste, que dice blasfemias? ¿Quién puede perdonar pecados sino sólo Dios?» Conociendo Jesús sus pensamientos, les dijo: «¿Qué estáis pensando en vuestros corazones? ¿Qué es más fácil, decir: "Tus pecados te quedan perdonados", o decir: "Levántate y anda"? Pues para que sepáis que el Hijo del hombre tiene en la tierra poder de perdonar pecados —dijo al paralítico—: "A ti te digo, levántate, toma tu camilla y vete a tu casa".» Y al instante, levantándose delante de ellos, tomó la camilla en que yacía y se fue a su casa, glorificando a Dios. El asombro se apoderó de todos, y glorificaban a Dios. Y llenos de temor, decían: «Hoy hemos visto cosas increíbles.»

Día 5: Perdón

Sorprende que Nuestro Señor haya escogido la vida de un pobre, de un perseguido y, sobre todo, la de un prisionero que fue humillado, abandonado, torturado y finalmente crucificado. ¿Por qué Él, siendo Dios, habría de escoger una vida así de difícil y de semejante sufrimiento?

Jesús eligió esa vida: decidió cumplir con la voluntad del Padre y convertirse en el nuevo cordero pascual para ser inmolado. En cambio, nosotros no escogemos una vida basada en el sufrimiento; es más, buscamos lo contrario. Trabajamos y nos esforzamos para tener una casa, un automóvil y todo tipo de tecnología que nos haga la vida más llevadera. Adquirimos seguros de gastos médicos, ahorramos dinero en los bancos y buscamos llevar una vida balanceada con sana alimentación y ejercicio. Todo para evitar el sufrimiento, o al menos para aminorarlo en caso de que se haga presente. Sin embargo, ¿realmente estamos exentos del sufrimiento? ¿En verdad podemos evadir la adversidad, la enfermedad y la muerte?

A lo largo de mi carrera como psicólogo y psicoterapeuta, he tenido la oportunidad de acompañar a personas que han experimentado terribles experiencias cargadas de dolor y sufrimiento. Pacientes que fueron secuestrados o que fueron abusados sexualmente. Personas que vieron morir a sus seres queridos en manos de un asesino mientras ellas mismas eran atacadas. Gente que sufrió injusticias desde la infancia. Individuos con discapacidades físicas o mentales que los han acompañado a lo largo de su vida. Hombres y mujeres que vivieron con un papá o una mamá alcohólicos o con trastornos mentales. Pacientes que sufrieron el engaño y la deshonestidad de sus parejas. Inmigrantes que sobrevivieron a un traumático cruce fronterizo y a las dificultades de adaptarse a una

Día 5: Perdón

cultura nueva, con un lenguaje que no entendían y sin nadie en quien apoyarse. Y, como estas, un sinfín de experiencias que incluso conmoverían al más insensible. Pero también he tenido la oportunidad de trabajar con los perpetradores, con los victimarios. Con aquellos que abusaron sexualmente de otros, con aquellos que lastimaron o incluso mataron a alguien. Personas que destruyeron sus familias y a sus seres queridos como resultado de sus acciones.

En Trinity Christian College, la universidad donde actualmente trabajo, se habla de una metanarrativa[1] cristiana. Se dice que la historia de la salvación se divide en cuatro etapas: creación, caída, redención y nueva creación. Es una forma de sintetizar el trabajo de Dios desde el Génesis hasta el Apocalipsis. Ahora bien, como lo enseñó san Agustín, los seres humanos experimentamos concupiscencia, una tendencia innata hacia el mal, hacia el pecado. En el cristianismo creemos en el pecado original, la caída de la humanidad gracias a la acción de Adán y Eva. El sufrimiento experimentado por la enfermedad, la muerte y la injusticia es resultado de dicho acontecimiento. Nadie puede librarse de ello; tarde o temprano el sufrimiento tocará la puerta de cada uno de nosotros. No hay escapatoria.

Cuando el sufrimiento nos visita, experimentamos la amargura y el resentimiento. El deseo de venganza disfrazado de justicia. Cuando nuestra parte humana nos dice: "Esto no se puede quedar así", "demandaré al médico que

---

[1] La metanarrativa se refiere a un esquema que permite la interpretación de eventos y contextos proporcionando una estructura que genere significados para las creencias de los individuos. Se podría decir que es una narrativa de las narrativas. Para saber más, se puede acceder al siguiente enlace: https://www.newworldencyclopedia.org/entry/Metanarrative

se equivocó", "me vengaré de quien me traicionó", "desconfiaré de todos por lo que algunos me han hecho". El sufrimiento clama que las cosas sean como nosotros queremos y no como la vida se nos presenta.

Es fácil pensar así cuando somos el depósito del sufrimiento. Solemos creer que pertenecemos al grupo de las buenas personas y que, por lo tanto, merecemos que en la vida nos vaya bien. Es a los malos a quienes les debe ir mal, ¿verdad? En psicología, a esto le llamamos *la creencia del mundo justo*. Es el supuesto de que en el mundo hay una justicia inherente que se encargará de darle a cada uno lo que le corresponde. Pero ¿acaso Jesús merecía morir en la cruz?

La realidad es que no existe esa justicia inherente en el mundo. Nacer, crecer, enfermar y morir es el llamado de todo ser vivo, de todo ser humano. Hay quien lo hace en unos cuantos días en el vientre de su madre y, en cambio, hay quienes viven hasta los cien años, o incluso más. Uno no muere de un accidente, de una enfermedad o de un asesinato; no, no es así. En realidad, uno muere de muerte, de la enfermedad incurable de la que todos estamos contagiados. De la única experiencia que no sabe de desigualdad o discriminación, pues todos la habremos de experimentar. La enfermedad, el accidente o el asesinato es solo la forma en que la muerte nos visita. La vida no es ni justa ni injusta; son nuestras acciones las que se apegan a la justicia o a la injusticia. ¿Y cuál es esa justicia a la que hemos de aspirar? ¿La justicia de los hombres o la justicia de Dios?

Como les sucedió a los fariseos y a los maestros de la ley del pasaje que leímos al inicio de este capítulo, el perdón no solo nos puede parecer difícil, sino imposible. ¿Cómo perdonar a aquel que me violó? ¿Cómo perdonar a aquel que asesinó a mi hijo? ¿Cómo perdonar al que se

Día 5: Perdón

quedó con mi herencia? ¿Cómo perdonar a aquel que me traicionó? Los fariseos no actuaron mal al cuestionar el perdón de Jesús, sino que se condujeron humanamente. No hay nada más humano que resistirnos al perdón. Nuestra naturaleza es resultado de miles de años de evolución y nos llama a defendernos, a no permitir que nos dañen, a buscar acabar con el otro que nos ha lastimado. Incluso, nos lleva a ver en el infortunio de los otros una consecuencia, una explicación a algo que creemos que hicieron para merecerlo. Probablemente los fariseos pensaban así sobre la persona a la que Jesús perdonó: un paralítico en una camilla a quien sus amigos habían puesto ante Jesús bajándolo a través de las tejas del techo bajo el que Él se encontraba.

Pero Jesús nuevamente nos muestra que los caminos de Dios no son los caminos de los hombres, que la naturaleza de Dios no es la naturaleza humana. Su naturaleza es la del perdón. Perdón como el dado al paralítico. Perdón como el que dio cuando no sabían lo que hacían (Lc 23,34) o perdón como el otorgado cuando se arrepentían (Lc 23,43).

Para las personas que han experimentado lamentables sufrimientos, como mis pacientes, no es fácil otorgar el perdón. Algunos nunca lo lograrán, y es comprensible; en esto, los juicios salen sobrando. Sin embargo, no buscar o no intentar perdonar al otro perpetúa el dolor. Mientras más nos aferramos a nuestra naturaleza y al deseo de justicia humana, mientras más nos resistimos a aceptar la falta de justicia inherente en el mundo y mientras más renegamos de lo que nos ha sucedido, mayor es nuestro nivel de sufrimiento. Es en la aceptación del sufrimiento y en la capacidad de dejar de vernos como los buenos que podremos perdonar, y no solo eso, sino que reconoceremos que nosotros mismos necesitamos ser perdonados.

Día 5: Perdón

Todos hemos actuado mal, todos nos hemos alejado de la justicia divina, todos en mayor o menor medida hemos lastimado a los demás. Por eso, en el padrenuestro decimos: "Perdona nuestras ofensas, como también nosotros perdonamos a los que nos ofenden".

Sin reconocer que nosotros necesitamos ser redimidos, no podremos perdonar a los demás. Nuestro sufrimiento se perpetuará hasta que reconozcamos nuestra propia capacidad para el mal y para infligir sufrimiento. Solo entonces veremos lo que los fariseos no pudieron ver cuando decían: "¿Quién puede perdonar los pecados, sino solo Dios?". Exacto, solo Dios, y Él estaba ahí enfrente de ellos, y no lo reconocieron. Dios estaba ahí, dispuesto a perdonarlos a ellos también. Dios estaba ahí, como está también aquí enfrente de ti, dispuesto a perdonarte, a perdonarnos a todos. Solo falta que confesemos nuestras faltas, que nos arrepintamos y que sepamos perdonar a los demás para que Él pueda ver nuestra fe como la vio en el paralítico.

DÍA 6: LOS ENEMIGOS

Lucas 6,27-38

«*Pero yo os digo a los que me escucháis: Amad a vuestros enemigos, haced bien a los que os odien, bendecid a los que os maldigan, rogad por los que os difamen. Al que te hiera en una mejilla, preséntale también la otra; y al que te quite el manto, no le niegues la túnica. A todo el que te pida, da, y al que tome lo tuyo, no se lo reclames. Y lo que queráis que os hagan los hombres, hacédselo vosotros igualmente. Si amáis a los que os aman, ¿qué mérito tenéis? Pues también los pecadores aman a los que les aman. Si hacéis bien a los que os lo hacen a vosotros, ¿qué mérito tenéis? ¡También los pecadores hacen otro tanto! Si prestáis a aquellos de quienes esperáis recibir, ¿qué mérito tenéis? También los pecadores prestan a los pecadores para recibir lo correspondiente. Más bien, amad a vuestros enemigos; haced el bien, y prestad sin esperar nada a cambio; y vuestra recompensa será grande, y seréis hijos del Altísimo, porque Él es bueno con los ingratos y los perversos. Sed compasivos, como vuestro Padre es compasivo. No juzguéis y no seréis juzgados, no condenéis y no seréis condenados; perdonad y seréis perdonados. Dad y se os dará; una medida buena, apretada, remecida, rebosante pondrán en el halda de vuestros vestidos. Porque con la medida con que midáis se os medirá.*»

Día 6: Los enemigos

El día 6 de septiembre del 2018, la oficial de policía Amber Guyger mató a balazos a su vecino Botham Jean mientras este miraba el televisor y comía helado en la sala de su departamento. Guyger aseguró que había cometido un error, no solo al matar a su vecino, sino al confundirse de departamento. Resulta que Botham Jean vivía en un departamento igual al de ella, pero que se encontraba un piso más abajo. Amber Guyger se encontraba distraída, pues segundos antes de la tragedia había estado enviando mensajes sexuales explícitos (*sexting*) a uno de sus compañeros de trabajo, quien estaba casado y con quien había sostenido una relación de amantes. Afirmó que no se había dado cuenta de que estaba en el piso incorrecto; se había dirigido a lo que pensaba era su departamento y, al abrir la puerta, había visto a un hombre afroamericano en el interior. Entonces sacó su pistola y le disparó. Botham Jean murió en su casa sin haber hecho nada para merecerlo. Su delito fue estar frente al televisor descansando después de un largo día de trabajo.

Los medios de comunicación dieron la noticia con el sesgo y la tendencia a los que nos tienen acostumbrados. Rápidamente la sociedad aseguró que era un crimen de odio racial; que era imposible que ella se confundiera; que cómo explicaba haber entrado a la casa de Jean; que ella era policía blanca, y él, afroamericano; que eso era sin duda un ejemplo más del racismo, del abuso de poder y de la injusticia americana. Además de todo eso, Guyger se mensajeaba con un hombre casado con quien había tenido sexo, así que seguramente era una mujer perversa, ¿verdad?

Amber Guyger se había convertido en el enemigo, no solo de Botham Jean, sino de gran parte de la sociedad

Día 6: Los enemigos

norteamericana. Los medios alimentaban la noticia y hacían ver a Guyger como una mujer sin escrúpulos, sin moral, como alguien que merecía un grave castigo. Pero no solo eso, los noticieros y las redes sociales levantaban la sospecha de que Guyger se libraría de ir a la cárcel. El enemigo no solo había matado a Jean, sino que además escaparía del brazo de la justicia.

Meses de investigaciones y de un juicio lleno de expectativas e intrigas llegaron a su final el 2 de octubre del 2019. La jueza Tammy Kemp daría sentencia. ¿Exoneraría a Amber Guyger o la mandaría a prisión? La expectativa era incontenible. Y justo ahí, momentos antes de que la jueza dictara sentencia, sucedió lo inimaginable.

Brandt Jean, de dieciocho años y hermano de la víctima, se encontraba en la misma sala de juzgado que Amber Guyger. Estaba en el estrado para apoyar la defensa de su hermano, para pedir que se hiciera justicia, para no permitir que tan lamentable crimen quedara impune, o al menos eso pensaba la mayoría de los presentes, pero él tenía otros planes. Brandt Jean estaba ahí no para buscar la justicia humana, sino para perdonar y amar a Amber, al enemigo. Sus palabras cimbraron no solo a la sala, sino a la nación completa:

> Sé que, si vas a Dios y se lo pides, Él te perdonará [...] Te amo como a cualquier otra persona y no voy a esperar a que te pudras y mueras [...] Personalmente quiero lo mejor para ti. No iba a decir esto delante de mi familia, pero ni siquiera quiero que vayas a la cárcel. Quiero lo mejor para ti porque sé que eso es exactamente lo que Botham querría para ti. Dale tu vida a Cristo. Creo que darle tu vida a Cristo es lo mejor que Botham querría para ti.

Después de decir semejantes palabras con lágrimas en los ojos y con un nudo en la garganta, Brandt pidió permiso

Día 6: Los enemigos

a la jueza Kemp de bajar y darle un abrazo a la asesina de su hermano. La jueza y el resto de la audiencia no daban crédito. Brandt insistió en que lo dejara bajar para abrazar a la acusada. La jueza, finalmente, le concedió la petición, y Brandt Jean bajó del estrado y abrazó a Amber por largo tiempo mientras ella, desconsolada, lloraba y le pedía perdón. Todos en la sala guardaban un profundo silencio. Las lágrimas corrían por todo el recinto. Brandt no buscaba revancha, ni siquiera justicia; él buscaba perdón y amor para quien debía de ser su enemigo, para la asesina de su hermano. Brandt Jean daba cátedra con sus acciones de lo que todo cristiano está llamado a hacer: amar a sus enemigos.

Poco después llegó el momento de dictar sentencia. Guyer iría a la cárcel por diez años. Antes de que la acusada abandonara la sala para ir a la prisión, la jueza Tammy Kemp bajó de su lugar, se acercó a Guyer, la abrazó y le regaló su propia Biblia, diciéndole: "Tú puedes ser perdonada [...] hiciste algo que estuvo mal en un momento y tiempo determinado; lo que hagas ahora será importante". Después de eso, le sugirió leer Juan 3,16: "Porque tanto amó Dios al mundo que dio a su hijo único, para que quien crea en Él no perezca, sino que tenga vida eterna".

Brandt Jean y la jueza Tammy Kemp han hecho algo que no tiene lógica en este mundo. Los medios no daban crédito de lo que pasaba en la corte. La gente en redes sociales reaccionó polarizadamente. Los cristianos reconocimos lo sucedido como la máxima expresión del cristianismo, y lo celebramos. Sin embargo, muchos otros criticaron a Brandt y a la jueza; los acusaron de formar parte del sistema opresor y de ser supremacistas blancos, a pesar de ambos ser personas de color. Incluso hubo

Día 6: Los enemigos

quien pedía la renuncia de la magistrada. Sus críticos no entendían —y aún no entienden— que Brandt Jean y la jueza Kemp no tenían opción: ellos son cristianos, ellos siguen la enseñanza de su maestro, de nuestro maestro, expresada en el capítulo 6, versículos 27-31 del Evangelio de Lucas y que sirvió para la reflexión de este capítulo:

> Pero yo os digo a los que me escucháis: amad a vuestros enemigos, haced bien a los que os odien, bendecid a los que os maldigan, rogad por los que os difamen. Al que te hiera en una mejilla, preséntale también la otra; y al que te quite el manto, no le niegues la túnica. A todo el que te pida, da, y al que tome lo tuyo, no se lo reclames. Y lo que queráis que os hagan los hombres, hacédselo vosotros igualmente.

Ojalá que todos podamos cultivar una fe y una relación con Cristo tan profundas como las de Brandt y la jueza Kemp. Para que cuando nuestros "enemigos" busquen hacernos daño, sepamos perdonarlos, amarlos y enseñarles a Cristo, como este joven y la jueza lo hicieron con Amber Guyger.

Amemos a nuestros enemigos; busquemos para ellos lo que queremos para nosotros.

DÍA 7: LOS MILAGROS

Lucas 7,18-23

Sus discípulos llevaron a Juan todas estas noticias. Entonces él, llamando a dos de ellos, los envió a decir al Señor: «¿Eres tú el que ha de venir, o debemos esperar a otro?» Llegando donde Él, aquellos hombres dijeron: «Juan el Bautista nos ha enviado a decirte: ¿Eres tú el que ha de venir o debemos esperar a otro?» En aquel momento curó a muchos de sus enfermedades y dolencias, y de malos espíritus, y dio vista a muchos ciegos. Y les respondió: «Id y contad a Juan lo que habéis visto y oído: los ciegos ven, los cojos andan, los leprosos quedan limpios, los sordos oyen, los muertos resucitan, se anuncia a los pobres la Buena Nueva; ¡y dichoso aquel que no halle escándalo en mí!»

Día 7: Los milagros

Existen alrededor de 350 millones de espermatozoides en una sola eyaculación. El óvulo de la mujer está disponible para la concepción solo entre 12 y 24 horas. Hasta un 25 % de los embarazos terminan en aborto espontáneo. La probabilidad de que una mujer se embarace a los treinta años en un ciclo cualquiera es del 20 %; a los cuarenta años es del 5 %. ¿Aún no crees en los milagros?

Actualmente, existen 7700 millones de personas en el planeta. En total ha habido más de 107,000 millones de personas a lo largo de la historia. Los humanos, incluyendo tanto a los del pasado como a los del presente, compartimos el 99.9 % del ADN. Compartimos el 99 % del ADN con el chimpancé. A pesar de los miles de millones de personas que hoy están vivas y los cientos de miles de millones que han vivido y a pesar de que nuestro ADN es prácticamente idéntico entre todos los humanos —incluyendo el del chimpancé—, tú eres único y nunca habrá nadie como tú otra vez. Incluso si eres un gemelo monocigótico o si algún día buscan clonarte, nunca habrá nadie como tú. ¿Aún no crees en los milagros?

No existe probabilidad matemática que pueda explicar, a través de la evolución, que exista la vida; menos aún que exista vida inteligente capaz de comunicarse con la voz, de curar enfermos, de construir ciudades, de crear bombas nucleares, de trasladarse en automóviles, de negar a Dios o de creer fielmente en Él. La vida, desde una perspectiva evolutiva, no debería de existir, cuando menos la vida humana. ¿Aún no crees en milagros?

Las personas suelen pensar que los milagros son creencias irracionales para algo que tiene explicación pero que la persona en cuestión desconoce. Y tienen razón; en muchos casos es así: la gente puede atribuir a poderes divinos tanto la desgracia como la fortuna, cuando

Día 7: Los milagros

en realidad se trata de situaciones que tienen una explicación plausible pero poco conocida. No obstante, ¿siempre es así?

La cuaresma del 2017, mi esposa y yo decidimos vivirla de manera especial e intensa. Ambos optamos por llevar una serie de prácticas ascéticas, además de hacer ejercicios espirituales en la parroquia de Saint Peter and Saint Paul en Naperville, Illinois, con los sacerdotes de la comunidad de The Fathers of Mercy, o Los Padres de la Misericordia.

Sin duda, vivimos una cuaresma especial. Pero lo más importante no fue lo que hicimos o dejamos de hacer en esos cuarenta días, sino lo que Dios hizo con nosotros y de manera especial con nuestro hijo Bosco.

Bosco es el menor de nuestros tres hijos. Nació con una condición médica excepcional, una compleja y rara discapacidad llamada CLOVES, que es el acrónimo de *congenital, lipomatous, overgrowth, vascular malformations, epidermal nevi and spinal/skeletal anomalies and/or scoliosis* (congénito, lipomatoso, sobrecrecimiento, malformaciones vasculares, nevos epidérmicos y anomalías espinales/esqueléticas o escoliosis). Cuando nació nos dijeron que él era el caso 101 de la historia. Hoy se han identificado alrededor de 250 personas en todo el mundo con este síndrome.

Bosco ha tenido una vida difícil. Sus primeros seis meses los pasó en cuatro diferentes terapias intensivas neonatales en cuatro ciudades de los Estados Unidos. Además, ha tenido diversas cirugías, incluyendo la amputación parcial de sus dos pies, junto con múltiples tratamientos. Su vida estuvo en peligro constante los primeros dos años de vida. Tuvo que ser resucitado en dos ocasiones y, aunque ahora se encuentra fortalecido y caminando gracias al apoyo de una prótesis, no sabemos cuál

Día 7: Los milagros

es su expectativa de vida. Pero lo que sí sabemos es lo que sucedió en la cuaresma del 2017, un evento extraordinario que cambiaría la vida de mi hijo para siempre.

Desde la amputación de sus pies, Bosco presentó un extraño cuadro de pérdida de sangre constante por la orina. La pérdida era tal que tenía que seguir un tratamiento permanente de hierro y con frecuencia requería transfusiones de sangre. Por dos años, no hubo un solo día en que no estuviera anémico. Los médicos no tenían explicación para la pérdida de sangre. No había tratamiento que funcionara y no podían localizar el origen del problema. Desesperados tanto los médicos como nosotros, decidimos que en el verano de ese año se sometería a Bosco a una cirugía exploratoria para tratar de encontrar la raíz del problema y solucionarlo. Sin embargo, Dios tenía otros planes.

Al final de los ejercicios espirituales, la comunidad de los Padres de la Misericordia invitó a todos los participantes a una misa de sanación. Personalmente siempre tuve reservas sobre dichas prácticas, pues como psicólogo comprendo bien el efecto placebo en las curaciones espontáneas, a las que erróneamente se les suele clasificar de milagrosas. Sin embargo, lo que vivimos ese día no se puede explicar por el efecto placebo.

Mi esposa, mis hijos y yo decidimos asistir a la misa. Desafortunadamente, llegamos casi al final, al momento de la exposición del Santísimo[1] y de las oraciones de sanación. Caminamos por el pasillo principal hacia el altar,

---

[1] Se refiere a la adoración pública del sacramento de la eucaristía o Santísimo Sacramento. Cuando dicha adoración es constante a lo largo de las 24 horas, se le conoce como adoración perpetua. El catecismo de la Iglesia católica en el número 1418 señala lo siguiente: "Puesto que Cristo mismo está presente en el Sacramento del Altar,

Día 7: Los milagros

donde se encontraba el sacerdote orando en arameo, con el Santísimo en mano, mientras los fieles se unían a él devotamente en oración. Cuando llegamos a él, me miró y me dijo: "Tú y tu familia espérenme un momento". Terminó de orar con otras personas y después lo hizo con nosotros. Ahí estábamos los cinco junto con el sacerdote mientras hacía sus oraciones en arameo y nos exponía al Santísimo. Nada pasó. No hubo apariciones celestiales, no hubo convulsiones especiales ni demonios saliendo del cuerpo de mi hijo. No hubo rayos ni centellas. Solo un hombre con profunda fe en lo que hacía, tres niños que no comprendían lo que sucedía ahí, una gran mujer buscando lo mejor para su hijo y un papá psicólogo escéptico de dichas prácticas.

El sacerdote terminó la oración, nos despedimos de él y dejamos la iglesia. La gente nos miraba de manera peculiar, pero estamos acostumbrados a ello por el andar limitado de mi hijo con su prótesis, así que no le dimos importancia. Al llegar al automóvil, algunas personas se nos acercaron para decirnos que habían pedido por nuestro hijo y por todos nosotros. Una señora en llanto constante que iba con su hija nos dijo: "No sé qué sucedió ahí adentro, pero desde que los vi sentí un fuerte impulso de rezar por su hijo y desde entonces no puedo parar de llorar". Le agradecimos sus palabras, sus lágrimas y sus oraciones, y le dije a mi esposa: "Mejor vámonos, que estas personas parecen fanáticas".

Nos fuimos a casa, dormimos, y al día siguiente nos preparamos para llevar a los niños a la escuela. Bosco se despertó, fue a orinar, y por primera vez en dos años no

es preciso honrarlo con culto de adoración. 'La visita al Santísimo Sacramento es una prueba de gratitud, un signo de amor y un deber de adoración hacia Cristo, nuestro Señor'".

Día 7: Los milagros

hubo sangre. Pensé que era una rareza, pero no fue así. Después de tres años y medio de esa misa de sanación, Bosco no ha vuelto a sangrar. Su anemia se curó, y los médicos, sin dar crédito, decidieron cancelar la cirugía, pues ya no había nada que solucionar. El milagro sucedió en la noche de la misa de sanación; ahora no tengo duda de ello.

Quizá habrá quien diga que eso no fue un milagro, sino que el cuerpo sanó el área que había sangrado por dos años generando una recomposición celular de la zona afectada. Y seguro que fue así, pues los milagros no funcionan contra la naturaleza, sino con ella y por encima de ella. Lo milagroso no es la posible explicación médica de la curación (la cual nadie nos ha podido dar), sino la aparente casualidad de que se diera justo el mismo día de la misa de sanación.

El psicólogo suizo Carl Gustav Jung acuñó el concepto de *sincronicidad* para explicar el encuentro de dos fenómenos o variables aparentemente carentes de correlación que se unen en un momento y espacio particulares para generar significado y propiciar transformación. Eso son los milagros, procesos aparentemente inviables y sin relación alguna que se unen y suscitan lo imposible.

El efecto placebo no es aplicable en la experiencia que vivimos, pues un niño de tres años no sabe lo que es una misa de sanación. Nosotros no se lo explicamos; él ni siquiera estaba informado de su anemia. Pensaba que su orina era de color rojo y punto; estaba acostumbrado a ella, nunca preguntaba más.

Quién sabe qué sucedió ahí esa noche. Tal vez haya una explicación que desconozco, pero si de algo estoy seguro es de que fue la voluntad de Dios y de que ahí al menos había un milagro, tal vez dos. El primero, la eucaristía y, el segundo, la sanación de mi hijo.

Día 7: Los milagros

Pero los milagros no siempre son manifestaciones extraordinarias como la que les he narrado; en realidad, los milagros son tan comunes que no los sabemos reconocer. Cada uno de nosotros es un milagro viviente. La existencia misma de la vida y en especial la de la vida inteligente es un milagro de talla inmensurable. El atardecer y el amanecer también lo son, al igual que la Luna y el universo junto con sus brillantes estrellas. O el Sol con su esplendor. O el canto de las aves. O el beso del enamorado. O el abrazo del hijo. O la confrontación con los enemigos y su posterior perdón como un acto de amor. O el palpitar del corazón y el incesante ritmo de nuestra respiración.

Los milagros están en todas partes, desde en la mujer que puja para expulsar a su hijo del vientre hasta el hijo que echa tierra al ataúd de su madre mientras es sepultada. Los milagros son tan comunes y a la vez tan imposibles que ya no los reconocemos.

A veces, como en el caso de Bosco, nos dejan en un estado de profunda reverencia y gratitud. Pues es Jesús quien se ha hecho manifiesto en nuestra vida a través de semejante acto de amor. O como dice el capítulo 7 de Lucas:

> Id y contad a Juan lo que habéis visto y oído: los ciegos ven, los cojos andan, los leprosos quedan limpios, los sordos oyen, los muertos resucitan, se anuncia el evangelio a los pobres. ¡Y dichoso el que no se escandalice de mí!

Así pues, "id y contad"; vayamos y contemos las maravillas que Dios ha hecho en nuestra vida y no nos escandalicemos de Él.

DÍA 8: LAS ETAPAS DE LA FE Y LA CRISIS DE LA IGLESIA

Lucas 8,4-15

Habiéndose congregado mucha gente, y viniendo a Él de todas las ciudades, dijo en parábola: «Salió un sembrador a sembrar su simiente; y al sembrar, una parte cayó a lo largo del camino, fue pisada, y las aves del cielo se la comieron; otra cayó sobre piedra, y después de brotar, se secó, por no tener humedad; otra cayó en medio de abrojos, y creciendo con ella los abrojos, la ahogaron. Y otra cayó en tierra buena, y creciendo dio fruto centuplicado.» Dicho esto, exclamó: «El que tenga oídos para oír, que oiga.» Le preguntaban sus discípulos qué significaba esta parábola, y Él dijo: «A vosotros se os ha dado el conocer los misterios del Reino de Dios; a los demás sólo en parábolas, para que viendo, no vean y, oyendo, no entiendan. La parábola quiere decir esto: la simiente es la Palabra de Dios. Los de a lo largo del camino, son los que han oído; después viene el diablo y se lleva de su corazón la Palabra, no sea que crean y se salven. Los de sobre piedra son los que, al oír la Palabra, la reciben con alegría; pero éstos no tienen raíz; creen por algún tiempo, pero a la hora de la prueba desisten. Lo que cayó entre los abrojos, son los que han oído, pero a lo largo de su caminar son ahogados por las preocupaciones, las riquezas y los placeres de la vida, y no llegan a madurez. Lo que en buena tierra, son los que, después de haber oído, conservan la Palabra con corazón bueno y recto, y dan fruto con perseverancia.»

Lucas 8,22-25

Sucedió que cierto día subió a una barca con sus discípulos, y les dijo: «Pasemos a la otra orilla del lago.» Y se hicieron a la mar. Mientras ellos navegaban, se durmió. Se abatió sobre el lago una borrasca; se inundaba la barca y estaban en peligro. Entonces, acercándose, le despertaron, diciendo: «¡Maestro, Maestro, que perecemos!» Él, habiéndose despertado, increpó al viento y al oleaje, que amainaron, y sobrevino la bonanza. Entonces les dijo: «¿Dónde está vuestra fe?» Ellos, llenos de temor, se decían entre sí maravillados: «Pues ¿quién es éste, que impera a los vientos y al agua, y le obedecen?»

Día 8: Las etapas de la fe y la crisis de la Iglesia

El capítulo 8 del Evangelio de Lucas nos habla de curaciones milagrosas y de exorcismos impresionantes, pero también nos habla de las etapas de la fe, y tal vez, incluso, de la crisis que actualmente se vive en la Iglesia.

Cuando era niño, mis padres me inculcaron la devoción y el amor a Dios. Fantaseaba con que sería sacerdote. Yo experimentaba la realidad de Dios de manera literal, tal cual me lo habían enseñado mis padres. No había espacio para la duda. Sin embargo, en la adolescencia las cosas cambiaron. Nuevas amistades, nuevas experiencias, deseo de independencia, conflicto creciente con mis padres, decepción de las personas creyentes, excesos y conductas de riesgo me llevaron a un distanciamiento total de Dios y de mi religión. El periodo de la universidad tampoco ayudó mucho en términos de mi fe. La creciente libertad y la mayoría de edad me permitieron más excesos e incluso libertinaje. Sabía que Dios existía, pero yo lo había abandonado; no buscaba cultivar una relación con Él. Las cosas cambiaron cuando tuve la oportunidad de irme a España a estudiar una maestría. En Barcelona, en medio de sus bares, su diversidad de personas y la clara posibilidad de seguir cultivando una vida sin límites, sucedió algo que renovaría mi fe.

Estudiando a Carl Gustav Jung y atendiendo mi propio análisis jungiano, me surgió el profundo deseo de conocer la Biblia. Nunca la había leído, así que decidí leerla en su totalidad, como quien lee una novela, desde el principio (Génesis) hasta el final (Apocalipsis). La transformación tomó lugar lenta y silenciosamente. Cuando terminé de leerla, yo ya no era la misma persona; me había convertido. Nuevamente me surgió el deseo de la vida religiosa; exploré la vida monástica e incluso la vida mendicante con La Communauté de l'Agneau, o Comunidad del Cordero. Dios volvía a ser una realidad no solo en mi vida, sino que ahora me había vuelto capaz de percibirlo en todo lo vivo. En realidad, siempre lo había sido, aunque yo no lo reconociera.

Pero Dios tenía otros planes. Él me quería casado, con hijos y ejerciendo como psicólogo. Volví a México, me casé con una gran mujer y formamos nuestra familia. Este tiempo no ha estado libre de conflictos y desafíos; incluso mi fe volvió a disminuir en correlación con el éxito profesional que estaba experimentando y por mi descuido de la relación entre Dios y yo. La oración pasó a segundo plano, por lo que mi ego ocupó su lugar. Pero Dios me volvería a mover de residencia, ahora a los Estados Unidos, y poco a poco se volvió a manifestar en mi vida, o, mejor dicho, volví a reconocer su presencia en mi vida. Nuevamente surgió en mí un deseo de acercarme a Él, de cultivar nuestra relación, de hacer de Él lo más importante de mi vida. *Dios o nada* es el título de uno de los libros del cardenal Sarah. Ese es el lema, la consigna con la que ahora trato de vivir.

En medio de este vaivén espiritual ha existido un proceso constante de desarrollo espiritual común para muchos. El doctor James W. Fowler lo describió en su libro *Stages of faith: the psychology of human development and the quest of meaning*. Fowler comprendió que la fe es un proceso vivo, dinámico, no estático. Entendió que no es lo mismo cómo la experimenta un niño que un adulto de cincuenta o sesenta años. No solo hay diferencias o evolución de la fe basadas en cohorte o grupos generacionales, sino que también las hay de manera individual.

Cada uno de nosotros pasamos por momentos de sequedad e intensidad espiritual. Hay épocas, e incluso días, donde Dios es el centro de nuestra existencia, mientras

Día 8: Las etapas de la fe y la crisis de la Iglesia

que en otras ese lugar lo ocupan nuestro ego, nuestros miedos, nuestras adicciones, nuestro pecado. Jesús lo sabía bien. Él nos explica las etapas de la fe en su parábola de la semilla. Nos dice:

La parábola quiere decir esto: La semilla es la palabra de Dios. Los de junto al camino son los que la oyen, pero luego viene el diablo y se lleva la palabra de Dios de sus corazones para que no crean y se salven. Los que están sobre el pedregal son los que oyen la palabra y la aceptan con alegría; pero no tienen raíz, creen por algún tiempo y en el momento de la prueba se vuelven atrás. La semilla que cayó entre zarzas son los que la escuchan, pero luego se ahogan en las preocupaciones, riquezas y placeres de la vida, y no llegan a la madurez. Y la que cayó en tierra buena son los que escuchan la palabra con corazón bueno y generoso, la conservan y por su constancia dan fruto. (Lc 8,11-15)

Jesús, hablando a sus apóstoles, nos habla a nosotros. ¿Cuántos se han dejado engañar por el diablo y se han olvidado de la palabra de Dios en sus corazones? ¿Cuántos dejan de creer en medio de las pruebas? ¿Cuántos se han ahogado en las preocupaciones, riquezas y placeres de la vida? ¿Cuántos son quienes la conservan y dan fruto de ella?

O tal vez deberíamos pensar: "¿Cuántas veces yo me he olvidado de la palabra, la he dejado en medio de las pruebas, me he ahogado con las preocupaciones, riquezas y placeres de la vida? ¿Cuántas veces yo la he conservado y he dado fruto de ella?".

Valdría ser comprensivos con nosotros mismos. Nuevamente, la fe no es estática, sino dinámica. Es un proceso vivo que inevitablemente confronta nuestra naturaleza y voluntad humanas con la naturaleza y voluntad de Dios.

Día 8: Las etapas de la fe y la crisis de la Iglesia

Tiene altas y bajas, pero lo importante es volver a ella una y otra vez. Volver a ella siempre a lo largo de la vida.

La crisis de la Iglesia

Como lo leímos al principio de este ensayo, en el capítulo 8 del Evangelio de Lucas se ofrece otra potente escena que puede ser de ayuda para reflexionar sobre la situación por la que atraviesa la Iglesia:

> Sucedió que cierto día subió a una barca con sus discípulos, y les dijo: "Pasemos a la otra orilla del lago". Y se hicieron a la mar. Mientras ellos navegaban, se durmió. Se abatió sobre el lago una borrasca; se inundaba la barca y estaban en peligro. Entonces, acercándose, le despertaron, diciendo: "¡Maestro, Maestro, que perecemos!". Él, habiéndose despertado, increpó al viento y al oleaje, que amainaron, y sobrevino la bonanza. Entonces les dijo: "¿Dónde está vuestra fe?". Ellos, llenos de temor, se decían entre sí maravillados: "Pues ¿quién es este, que impera a los vientos y al agua, y le obedecen?". (Lc 8,22-25)

En los últimos años, la Iglesia ha experimentado una profunda crisis. Algunos la llaman la peor crisis de su historia. Cardenales y obispos confrontados entre sí. Sacerdotes y laicos agrediéndose y acusándose por medio de las redes sociales. Ídolos dentro de las iglesias. Escándalos sexuales y financieros. Corrupción y evasión de la ley civil en los más altos puestos de la jerarquía. Teólogos y cardenales acusando al papa Francisco de participar en apostasía y herejías. La palabra *cisma* cimbra en el centro del Vaticano y se expande hasta China, Estados Unidos, África, Alemania y Latinoamérica.

Día 8: Las etapas de la fe y la crisis de la Iglesia

Sorprende que muchos no se enteran de la crisis. Tal vez optan por la evasión, la ignorancia. Tal vez es un mecanismo de defensa para evitar la angustia y la necesaria acción. Tal vez es resultado de la poca cobertura que los medios seculares, extrañamente, han decidido darle. O tal vez es la falta de medios católicos con análisis crítico en sus lugares de residencia. Pero también sorprende que muchos se escandalizan por la crisis. Tal vez porque ven la maldad que ha emergido en casos como el del excardenal McCarrick. Tal vez porque sienten un llamado a defender la Iglesia del "humo de Satanás". Tal vez por el amarillismo de algunos medios. Tal vez por la patológica dinámica que promueven las redes sociales.

Como sea, la crisis existe. Y los católicos de a pie no tenemos el cuadro completo. No sabemos con claridad quiénes buscan proteger a la Iglesia y quiénes pretenden dañarla. No sabemos si las graves acusaciones contra el papa son ciertas o no. No sabemos si realmente habrá un cisma o no. Lo que sí sabemos es que en la barca en la que dormía Jesús con sus apóstoles, Él estaba a cargo, no los apóstoles ni tampoco la tempestad.

Hoy la barca de Jesús está nuevamente en medio de la tempestad. Sus apóstoles parecen angustiados y actúan erráticamente debido al temor que experimentan (o experimentamos). Pero no olvidemos que, en medio de esta crisis de la Iglesia, al igual que en medio de nuestras crisis personales, Jesús nos dice: "¿Dónde está vuestra fe?". Jesús sabrá cuándo apaciguar los vientos que azotan nuevamente a su barca. Él sabrá cuál es el verdadero propósito de tanta confusión. Tal vez es el preámbulo para que Él se haga presente, para que increpe al viento, las olas cesen y vuelva la calma. Ojalá nosotros sepamos contestar a lo que los apóstoles se preguntaron: "¿Quién es este, que manda incluso a los vientos y al agua y le obedecen?". Este es Dios, el que está a cargo de su Iglesia y de la vida de cada uno de nosotros.

No nos olvidemos de Él en medio de la tempestad y, como sus discípulos, acerquémonos a Él para despertarlo y pedirle su ayuda.

DÍA 9: EL ΑΥΤΟΣ

Lucas 9,18-25

Y sucedió que mientras él estaba orando a solas, se hallaban con él los discípulos y él les preguntó: «¿Quién dice la gente que soy yo?» Ellos respondieron: «Unos, que Juan el Bautista; otros, que Elías; otros, que un profeta de los antiguos había resucitado.» Les dijo: «Y vosotros, ¿quién decís que soy yo?» Pedro le contestó: «El Cristo de Dios.» Pero les mandó enérgicamente que no dijeran esto a nadie. Dijo: «El Hijo del hombre debe sufrir mucho, y ser reprobado por los ancianos, los sumos sacerdotes y los escribas, ser matado y resucitar al tercer día.» Decía a todos: «Si alguno quiere venir en pos de mí, niéguese a sí mismo, tome su cruz cada día, y sígame. Porque quien quiera salvar su vida, la perderá; pero quien pierda su vida por mí, ése la salvará. Pues, ¿de qué le sirve al hombre haber ganado el mundo entero, si él mismo se pierde o se arruina?»

Día 9: El αὐτός

Autoestima, autorrealización, autoactualización,[1] autoconcepto, autoimagen, autonomía, autoconfianza y autoeficacia son tan solo algunos de los muchos conceptos que la psicología contemporánea ha acuñado y presentado como objetivos deseables por conseguir en la vida. Pero hay un problema: todos ellos hablan del ego. El prefijo griego αὐτός (*autos*) significa o hace referencia a 'hacia sí mismo'.

Los seres humanos contemporáneos hemos caído en una dinámica perniciosa. Pasamos largas jornadas laborales; sacrificamos nuestra presencia en casa y con la familia. Lo hacemos porque perseguimos el éxito y la seguridad financiera; porque queremos "desarrollarnos" y lograr nuestros objetivos en la vida. Pero a pesar de tanto trabajo, de tantas metas logradas y de que nunca la humanidad había experimentado un estado de abundancia como el que se vive en nuestra época, a pesar de todo ello, hoy tenemos más deprimidos y ansiosos que nunca. Y la solución que los libros de autoayuda y la psicología popular nos ofrecen es αὐτός, es decir, piensa más en ti, piensa más en lo que quieres, piensa en tus metas. Pretendemos aliviar el mal que nos aqueja con más dosis de aquello que buscamos curar.

El narcisismo es tanto una tendencia de personalidad como un trastorno de personalidad. La diferencia es una cuestión de grado, intensidad y frecuencia. Siempre ha existido; sin embargo, se ha dicho que nuestra época es de narcisistas, una epidemia de individuos que andan a la caza de su bienestar, su desarrollo, su felicidad. Una

---

[1] Concepto originalmente propuesto por Abraham Maslow en su teoría de las necesidades humanas y posteriormente retomado por Carl Rogers, quien lo entendió como el potencial de integrar el yo ideal y la autoimagen a través de la conducta del individuo.

Día 9: El αὐτός

generación de personas egoístas que buscan amarse a sí mismas, pero que no saben amar a los demás. Los conceptos como la autoestima, la autorrealización y la autoimagen han provocado una obsesión que nos lleva a creer que la felicidad, el propósito y el sentido de la vida se encuentran en nosotros mismos, en lograr nuestras metas.

Esta obsesión por el αὐτός ha llevado a las personas a dejar a sus familias, a renunciar a sus trabajos, a abandonar a sus amigos, todo porque "no me hacen feliz y merezco ser feliz". Los seres más cercanos se convierten en obstáculos para la autorrealización y por lo tanto hay que despojarse de ellos. La felicidad se ha convertido en un supuesto derecho, y no en un resultado. No sorprende que las cifras de divorcio vayan en aumento, así como la cantidad de hijos que crecen sin papá o sin mamá, o sin ninguno de sus padres. Los niños estorban; se convierten en una carga para alcanzar los deseos y las metas de una generación preocupada por sí misma, pero no por los demás. La familia es vista por muchos como una restricción de la libertad y no como el camino para el verdadero desarrollo del individuo y de la sociedad.

Adultos obsesionados con la tecnología y el consumo. Celulares nuevos cada seis meses, automóviles que se cambian cada dos años al finalizar el arrendamiento. Productos elaborados bajo el desgaste de seres humanos, que adquirimos y que desechamos cuando nos han hartado. La sociedad del descarte, como la llama el papa Francisco. El ser humano vale en la medida en que puede generar productos, así como en su capacidad de consumirlos. De lo contrario, su valor se reduce a una carga emocional y económica para los demás. La solución que esta sociedad del descarte encuentra es la de tener perros y no hijos, la

Día 9: El αὐτός

de asesinar a los ancianos y discapacitados que no producen, así como acabar con los no nacidos que se interponen con los deseos egoístas del consumidor y el emprendedor. Pero Cristo sabe que el αὐτός no tiene nada que ofrecerle al individuo. Él "se vació a sí mismo" (*heauton ekénosen*), asumiendo la forma de vida humana que es propia de los demás hombres y se hizo obediente al Padre hasta la muerte de cruz, como leemos en Filipenses 2,5-8:

> Tened entre vosotros los mismos sentimientos que Cristo: el cual, siendo de condición divina, no retuvo ávidamente el ser igual a Dios. Sino que se despojó de sí mismo tomando condición de siervo haciéndose semejante a los hombres y apareciendo en su porte como hombre; y se humilló a sí mismo, obedeciendo hasta la muerte y muerte de cruz.

Jesús nos muestra que el sentido de la vida no se logra en la exaltación de uno mismo, sino en lo opuesto, en el menguar de uno mismo, en el debilitamiento del αὐτός, del ego. Así lo hizo Cristo en la kénosis:[2] así hemos de intentar hacerlo todos.

Ese menguar es resultado de la aceptación radical de que uno no está en control de su propia vida. En la convicción de que uno no es el maestro, sino el pupilo. Que no se es señor, sino siervo. Es la aceptación radical de que la vida es sufrimiento y de que a través de este se logra la verdadera transformación. Jesús encontró la resurrección en la aceptación de la cruz. Nosotros encontraremos el reino de Dios en la aceptación de la cruz. Jesús lo dice con firmeza en la lectura de inicio de este capítulo:

---

[2] Para saber más sobre la kénosis se puede mirar el video del obispo Hying en la plataforma Formed: https://watch.formed.org/videos/kenosis o se puede consultar el siguiente enlace: https://ec.aciprensa.com/wiki/Kenosis

Día 9: El αὐτός

> Si alguno quiere venir en pos de mí, niéguese a sí mismo, tome su cruz cada día, y sígame. Porque quien quiera salvar su vida, la perderá; pero quien pierda su vida por mí, ése la salvará. Pues, ¿de qué le sirve al hombre haber ganado el mundo entero, si él mismo se pierde o se arruina? (Lc 9,23-25)

Así pues, no encontraremos la felicidad que tanto añoramos en la promoción del αὐτός, sino en su negación, pues cuando estamos vaciados de nosotros mismos hacemos espacio para Dios. Este proceso, constituido por la kénosis y la teosis, es al que nos han invitado los padres del desierto, junto con los místicos católicos como santa Teresa, el Maestro Eckhart y el autor anónimo de *La nube del no saber*.

La psicología haría un mayor bien si retomara el valor del sacrificio por los demás, si estudiara el efecto de aquel que se niega a sí mismo por un principio mayor que él. No se trata de negar la importancia del desarrollo humano, sino de reformularla desde una perspectiva trascendente. También haría una gran labor poniendo énfasis en la aceptación e inevitabilidad del sufrimiento, en el valor de tomar la cruz cada día y de seguirlo a Él, que todo lo hace nuevo, que todo lo transforma.

DÍA 10: LA CREENCIA DEL MUNDO JUSTO

Lucas 10,25-37

Se levantó un legista, y dijo para ponerle a prueba: «Maestro, ¿qué he de hacer para tener en herencia vida eterna?» Él le dijo: «¿Qué está escrito en la Ley? ¿Cómo lees?» Respondió: «Amarás al Señor tu Dios con todo tu corazón, con toda tu alma, con todas tus fuerzas y con toda tu mente; y a tu prójimo como a ti mismo.» Díjole entonces: «Bien has respondido. Haz eso y vivirás.» Pero él, queriendo justificarse, dijo a Jesús: «Y ¿quién es mi prójimo?» Jesús respondió: «Bajaba un hombre de Jerusalén a Jericó, y cayó en manos de salteadores, que, después de despojarle y golpearle, se fueron dejándole medio muerto. Casualmente, bajaba por aquel camino un sacerdote y, al verle, dio un rodeo. De igual modo, un levita que pasaba por aquel sitio le vio y dio un rodeo. Pero un samaritano que iba de camino llegó junto a él, y al verle tuvo compasión; y, acercándose, vendó sus heridas, echando en ellas aceite y vino; y montándole sobre su propia cabalgadura, le llevó a una posada y cuidó de él. Al día siguiente, sacando dos denarios, se los dio al posadero y dijo: "Cuida de él y, si gastas algo más, te lo pagaré cuando vuelva." ¿Quién de estos tres te parece que fue prójimo del que cayó en manos de los salteadores?» Él dijo: «El que practicó la misericordia con él.» Díjole Jesús: «Vete y haz tú lo mismo.»

Día 10: La creencia del mundo justo

El 12 de abril del 2013 me reuní con mi amigo Jorge y su esposa, Paloma, para hacer ejercicio y correr en el bosque del Centinela, un área forestal en la periferia de Guadalajara. Conocía bien esa zona, pues por varios años acudía unos cuatro días a la semana para hacer ciclismo de montaña con un grupo de amigos. Además, de vez en cuando me iba solo a correr unos siete o diez kilómetros para después practicar algo de oración y meditación en su extraordinario mirador. El Centinela era un lugar de ejercicio, recreación y paz para mí, al igual que para Jorge y su esposa y para los demás amigos con quienes ahí convivía. Sin embargo, ese día sería distinto.

Habiendo estirado y calentado un poco, Jorge, Paloma y yo nos dispusimos a correr. El terreno era demandante: cañadas, veredas y rocas hacían que sintiéramos las piernas trabajar y el corazón bombear sangre rápidamente. Era una mañana perfecta para hacer un poco de ejercicio con amigos después enfrentar el caos de la ciudad y las complejidades que cada día trae consigo.

Pasados unos treinta minutos de estar corriendo, nos dirigimos a una zona donde hay un camino ancho con una subida que lleva a uno de los extremos del bosque. Mientras subíamos, vimos a dos hombres en sus bicicletas acompañados por sus perros en dirección opuesta a nosotros. Ellos venían de bajada. Decidieron detenerse un momento, probablemente para dejar descansar a los perros. Mientras nos acercábamos a ellos, un hombre salió de entre los arbustos armado con una pistola, gritando y amenazando con matar a los ciclistas. Montando en sus bicicletas, Alejandro Gómez Guerra y su amigo se apresuraron a alejarse del asesino. El hombre disparó pero falló. Intentó disparar de nuevo pero su pistola se había trabado. Alejandro y su amigo se acercaban rápidamente

Día 10: La creencia del mundo justo

a nosotros, que estábamos paralizados ante tan inesperado evento. El hombre volvió a disparar. Esa vez no falló. A unos cuantos metros de donde nos encontrábamos, la segunda bala alcanzó a Alejandro; entró por su riñón derecho y salió por su cuello. Alejandro cayó al suelo sin saber qué sucedía. Todo pasó en cuestión de segundos. Mientras él yacía en el camino, el asesino volvió a gritar y a disparar para después desaparecer. Todos entramos en pánico. Jorge protegía a su esposa detrás de los árboles, el amigo de Alejandro corría de un lado a otro sin comprender lo que había sucedido y yo trataba de auxiliar a la víctima de tan cobarde crimen. No hubo nada que hacer: Alejandro moría ahí, mientras yo lo exhortaba a rezar y a pedirle a Dios que lo recibiera.

La experiencia que acabo de narrar cambió mi forma de entender la vida. Ese día pude ver el mal en su máxima expresión. Un hombre sin escrúpulos, poseído de maldad y con su humanidad desfigurada decidió salir a matar a unos desconocidos. Pudo ser cualquiera, tal vez Jorge, Paloma o yo. El asesino no iba tras Alejandro; iba tras el primero que pasara por su camino. Lamentablemente, ese día murió un hombre inocente, entregado a la promoción de la lectura, al arte y al deporte. Un hombre que sin merecerlo vivió la descomposición social en la que México se encontraba hundido desde hace varios años, y en la que aún se encuentra. Una víctima más de la violencia y de la maldad que azotan a mi país.

Además de semejante episodio de crueldad, más tarde hubo otro acto pernicioso, aunque más sutil.

El mismo día del asesinato, a unas pocas horas de los hechos, los medios propagaron la mentira de que lo que había sucedido en el bosque había sido un ajuste de cuentas entre pandilleros. Poco después cambiaron la versión para decir que se había tratado de un crimen pasional.

Día 10: La creencia del mundo justo

Los medios y las autoridades se daban prisa por declarar el caso cerrado. Nos hacían creer que la víctima se merecía lo sucedido; que en realidad no era una víctima, sino que su muerte había sido una consecuencia de su propio actuar, por supuestamente ser pandillero o amante de una mujer. Ambas cosas falsas.

La hermana de Alejandro es una conocida celebridad en la radio local, y gracias a eso y al apoyo de la comunidad de ciclistas y usuarios del bosque, se generó la suficiente presión para que las autoridades dieran con el supuesto asesino, que poco después fue dejado en libertad. Un caso más que plasma la enorme impunidad que reina en el país.

La reacción de culpabilizar a la víctima es una tendencia común. No solo entre los medios de comunicación y entre las autoridades, a las que les conviene rápidamente dar carpetazo a los casos y calmar a la población; también es habitual en cualquiera de nosotros.

Es frecuente que al ver a una persona pedir dinero en la calle se nos activen pensamientos de "¿por qué habría de darle mi dinero?; que se ponga a trabajar" o "seguro que está así como consecuencia de sus actos; debe de ser un vago". Lo mismo sucede con respecto a una víctima de violencia doméstica, de la que podemos pensar cosas como "algo habrá hecho para que la tratara así", "es su culpa por haber escogido una pareja como esa". O incluso al ver las noticias de asesinados, podemos pensar algo como "de seguro estaba metido en cosas inapropiadas", "habrá hecho algo para que le pasara eso". Es probable que todos hayamos pensado así en algún momento de la vida.

Los humanos operamos bajo la *creencia del mundo justo*, un concepto acuñado en psicología para explicar un

Día 10: La creencia del mundo justo

esquema cognitivo que implica la supuesta justicia inherente en el mundo: "cosas buenas les pasan a los buenos y cosas malas les pasan a los malos". Ahora bien, ¿es eso cierto? ¿En verdad el mundo opera así? En una de las reflexiones anteriores, en el capítulo 5, mencionamos que dicha creencia es falsa. No se aplicó con Jesús, ¿cierto?, como no se aplica en tantos y tantos casos de personas que día con día experimentan terribles sufrimientos. Sin embargo, es una creencia sumamente arraigada que nos sirve como mecanismo de protección para no ver nuestra vulnerabilidad. Para creer que pertenecemos a los buenos y que por lo tanto estamos bien, estamos seguros. Pero también para adjudicar a la víctima la responsabilidad de su infortunio y así no hacer nada para aliviar su sufrimiento.

¿Cómo es eso posible? ¿Cómo podemos saber si realmente lo que le sucede a alguien es consecuencia de sus actos o si es víctima del actuar malicioso de los demás? Pero, sobre todo, ¿es eso lo verdaderamente importante? ¿Es eso lo que nos toca hacer como cristianos? ¿Acaso Dios nos ha llamado para ser jueces y verdugos de los demás?

Jesús no piensa así; por el contrario, nos invita a actuar sin miramientos. Nos invita a que confrontemos con el bien el mal que existe y habita en muchos humanos y en muchas partes. Nos hace ver que un cristiano no se detiene a preguntarse si la desafortunada persona se merece o no se merece su suerte y, sobre todo, si merece o no merece ayuda. Jesús nos hace ver que un cristiano siempre ha de estar dispuesto a ayudar a los demás, a aliviar el sufrimiento del otro, independientemente de quién sea o qué haya hecho esa persona, pues la misericordia de Dios debe hacerse presente en todos a través de sus hijos. En cambio, la creencia del mundo justo es una estrategia que

Día 10: La creencia del mundo justo

favorece la impasibilidad y evita así nuestro actuar cristiano.

Por eso Jesús, en el capítulo 10 de Lucas, entabla un extraordinario diálogo con un doctor de la ley que operaba bajo dicha creencia y se consideraba parte de los buenos para así limitar su amor solo a unos cuantos. Jesús, sabiendo su pensar, lo cuestionó sobre la ley de Dios para después presentarle la parábola del samaritano que leímos al inicio de este capítulo y finalmente preguntarle: "¿Quién de estos tres te parece que fue prójimo del que cayó en manos de los salteadores?", a lo que el doctor contestó: "El que practicó la misericordia con él", y Jesús le dijo: "Vete y haz tú lo mismo".

Jesús nos pide una actitud radical de ayudar al prójimo. Valdría entonces que nos despojemos de la creencia del mundo justo que opera en nosotros y que hagamos el bien sin mirar a quién. "Vete y haz tú lo mismo" fue la instrucción de Jesús para el doctor de la ley. Ese mismo precepto es para cada uno de nosotros. En el mundo hay un gran número de personas en sufrimiento, pero también hay abundancia de personas que pueden aliviarlo y hacer el bien. Cada uno de nosotros necesitamos preguntarnos si seremos o no parte de la solución. Cada uno podemos salir de casa todos los días con los ojos bien abiertos para ser como el samaritano y ofrecer nuestra ayuda a quien más la necesite.

No sabemos en qué momento nos toque estar del otro lado o cuándo seremos los depositarios de la misericordia de Dios y de los demás. Mientras tanto, sigamos la instrucción de Jesús: "Vete y haz tú lo mismo".

DÍA 11: TU OJO

Lucas 11,33-36

«Nadie enciende una lámpara y la pone en sitio oculto, ni bajo el celemín, sino sobre el candelero, para que los que entren vean el resplandor. La lámpara de tu cuerpo es tu ojo. Cuando tu ojo está sano, también todo tu cuerpo está luminoso; pero cuando está malo, también tu cuerpo está a oscuras. Mira, pues, que la luz que hay en ti no sea oscuridad. Si, pues, tu cuerpo está enteramente luminoso, no teniendo parte alguna oscura, estará tan enteramente luminoso, como cuando la lámpara te ilumina con su fulgor.»

Día 11: Tu ojo

"**M**ario, soy adicto a la pornografía", me decía un joven paciente con el que trabajé. Uno de muchos hombres con los que he trabajado en los últimos años y a los que la pornografía ha consumido su sexualidad, su entusiasmo y, sobre todo, su relación con las mujeres. Ahora bien, no solamente los jóvenes se enganchan en esta adicción; también lo hacen adultos, casados y con hijos.

Nunca había sido tan fácil tener acceso al material pornográfico. Se calcula que el 30 % del contenido en internet es pornografía. Además, hasta el 70 % de los hombres y el 30 % de las mujeres la consumen. En promedio, quienes visitan los sitios pornográficos lo hacen 7.5 veces al mes. Más de 624,000 traficantes de pornografía infantil han sido descubiertos en línea tan solo en los Estados Unidos. Cada año, la pornografía genera 98 billones de dólares en ganancias a nivel mundial. En el 2018, se consumieron 5517 millones de horas en tan solo un sitio pornográfico en línea. Los sitios pornográficos reciben más visitas mensuales que Netflix, Amazon y Twitter combinados. Tan solo en el 2018 hubo 33,500 millones de visitas detectadas en un solo sitio de pornografía. En el 56 % de los divorcios, un miembro de la pareja estaba obsesionado con la pornografía en internet.[1] Además, las cifras mencionadas hacen referencia a sitios web que ofrecen dicho contenido, mas no a la pornografía que se transmite

---

[1] Para saber más sobre la situación actual de la pornografía y su efecto en la salud mental y en los matrimonios se pueden visitar los siguientes sitios: http://endsexualexploitation.org/wp-content/uploads/NCOSE_Pornography-PublicHealth_ResearchSummary_8-2_17_FINAL-with-logo.pdf
https://www.psychologytoday.com/us/blog/inside-porn-addiction/201112/is-porn-really-destroying-500000-marriages-annually

Día 11: Tu ojo

en los celulares a través de aplicaciones como WhatsApp y otras plataformas de los llamados *chat groups*. La pornografía ha invadido nuestras vidas como una plaga o como una droga; ha llegado hasta lo más íntimo de nuestros hogares, incluso sin buscarla o sin pedirla. Hombres compartiendo pornografía de jovencitas de la misma edad que sus hijas. Hombres que dejan entrar las imágenes de sexo desvirtuado y despojado de amor y humanidad a través de sus ojos para que se aniden en el circuito de recompensas cerebral y se genere una nueva adicción. Hombres que prefieren estimularse y masturbarse con las imágenes de personas desconocidas que hacer el amor con sus esposas.

Pero no solo son los hombres los únicos consumidores de pornografía, pues, como lo muestran las cifras, 30 % de las mujeres la consumen. Hombres y mujeres, en un falso entendimiento de la libertad, encuentran la prisión de la obsesión y la compulsión, del cerebro pidiendo más estímulos, del alma inquieta que no encuentra paz y que olvida cómo amar.

La paradoja es que, como con cualquier droga, mientras más se consume, menor es su efecto y, por lo tanto, más y más se aumenta la dosis. Lo que empieza como una travesura termina como una camisa de fuerza que limita nuestro actuar. Insatisfacción y problemas sexuales como la disfunción eréctil inducida por pornografía terminan siendo algunos de los resultados para aquellos que se embarcan en dicha práctica. Conflictos de pareja, aislamiento y, finalmente, oscuridad del alma.

En la época de Jesús no había el acceso a la pornografía que ahora se tiene. A pesar de ello, existen vestigios arqueológicos donde se han encontrado frescos de personas teniendo sexo de manera explícita. Se cree que eran burdeles en el Imperio romano y que las imágenes tenían

Día 11: Tu ojo

la finalidad de estimular la imaginación de los clientes. El problema de la lujuria y de la pornografía no es nuevo; es un problema que nos ha acompañado a través de los siglos, pero nunca con los medios y la capacidad de invasión que tiene ahora. La pornografía es una epidemia que provoca graves efectos a la salud mental y espiritual de quien la consume.

Jesús lo advertía en Mateo 5,27-28: "Habéis oído que se dijo: 'No cometerás adulterio'. Pues yo os digo: Todo el que mira a una mujer deseándola, ya cometió adulterio con ella en su corazón". La pornografía no es una diversión o una aventura; es una forma de adulterio.

Jesús también nos advierte de algo que solemos negar, de algo que tiene profundas repercusiones en nuestra vida, y lo hace en la lectura de inicio de este capítulo, en Lucas 11,34-36:

> La lámpara de tu cuerpo es tu ojo. Cuando tu ojo está sano, también todo tu cuerpo está luminoso; pero cuando está malo, también tu cuerpo está a oscuras. Mira, pues, que la luz que hay en ti no sea oscuridad. Si, pues, tu cuerpo está enteramente luminoso, no teniendo parte alguna oscura, estará tan enteramente luminoso, como cuando la lámpara te ilumina con su fulgor.

Jesús no habló del circuito de recompensa cerebral al que ahora nos referimos para entender por qué la gente se hace adicta a la pornografía, pero habló de cómo lo que entra por los ojos tendrá un efecto en nuestro cuerpo y en nuestra alma. La iluminación o la oscuridad interior empiezan con la iluminación u oscuridad exterior que buscamos en nuestra vida diaria. Nuestro cuerpo y nuestra alma están interconectados; sin uno no se expresa el otro; por lo tanto, lo que es bueno para uno es bueno para el otro. La pornografía es lo contrario: daña tanto a nuestro cuerpo como a nuestra alma. Nos encierra en el laberinto cerebral de la adicción y nos despoja de la capacidad de amar desinteresadamente a los demás. Convierte al ser humano en un objeto que es utilizado y desechado para satisfacer los impulsos sexuales, no en un hijo de Dios, creado a su imagen y semejanza, que merece ser respetado y amado.

Si la pornografía te ha esclavizado, haz lo necesario para liberarte de ella y sacarla de tu vida. Vuelve a la experiencia de amor y sexualidad con tu esposa o esposo. Encuentra la verdadera libertad, que es vivir sin prisiones, sin adicciones en tu vida. Y, si no puedes hacerlo, visita www.covenanteyes.com. Ahí encontrarás la ayuda que necesitas. Cuando te inscribas, en la sección de cupón escribe MarioGuzman (junto y sin acento) y te darán treinta días gratis de servicio para que lo pruebes antes de contratarlo. Te aseguro que no te arrepentirás; es una gran herramienta.

DÍA 12: ANSIEDAD

Lucas 12,13-34

Uno de la gente le dijo: «Maestro, di a mi hermano que reparta la herencia conmigo.» Él le respondió: «¡Hombre!, ¿quién me ha constituido juez o repartidor entre vosotros?» Y les dijo: «Mirad y guardaos de toda codicia, porque, aun en la abundancia, la vida de uno no está asegurada por sus bienes.» Les dijo una parábola: «Los campos de cierto hombre rico dieron mucho fruto; y pensaba entre sí, diciendo: "¿Qué haré, pues no tengo donde reunir mi cosecha?" Y dijo: "Voy a hacer esto: voy a demoler mis graneros, y edificaré otros más grandes y reuniré allí todo mi trigo y mis bienes, y diré a mi alma: Alma, tienes muchos bienes en reserva para muchos años. Descansa, come, bebe, banquetea." Pero Dios le dijo: "¡Necio! Esta misma noche te reclamarán el alma; las cosas que preparaste, ¿para quién serán?" Así es el que atesora riquezas para sí, y no se enriquece en orden a Dios.» Dijo a sus discípulos: «Por eso os digo: No andéis preocupados por vuestra vida, qué comeréis, ni por vuestro cuerpo, con qué os vestiréis: porque la vida vale más que el alimento, y el cuerpo más que el vestido; fijaos en los cuervos: ni siembran, ni cosechan; no tienen bodega ni granero, y Dios los alimenta. ¡Cuánto más valéis vosotros que las aves! Por lo demás, ¿quién de vosotros puede, por más que se preocupe, añadir un codo a la medida de su vida? Si, pues, no sois capaces ni de lo más pequeño, ¿por qué preocuparos de lo demás? Fijaos en los lirios, cómo ni hilan ni tejen. Pero yo os digo que ni Salomón en toda su gloria se vistió como uno de ellos. Pues si a la hierba que hoy está en el campo y mañana se echa al horno, Dios así la viste, ¡cuánto más a vosotros, hombres de poca fe! Así pues, vosotros no andéis buscando qué comer ni qué beber, y no estéis inquietos. Que por todas esas cosas se afanan los gentiles del mundo; y ya sabe vuestro Padre que tenéis la necesidad de eso. Buscad más bien su Reino, y esas cosas se os darán por añadidura. No temas, pequeño rebaño, porque a vuestro Padre le ha parecido bien daros a vosotros el Reino. Vended vuestros bienes y dad limosna. Haceos bolsas que no se deterioran, un tesoro inagotable en los cielos, donde no llega el ladrón, ni la polilla; porque donde esté vuestro tesoro, allí estará también vuestro corazón.»

Día 12: Ansiedad

Nunca los seres humanos habíamos experimentado el nivel de bienestar del que ahora gozamos. Proporcionalmente hablando, hoy hay menos pobres que nunca. Tenemos la generación más educada de la historia. Enfermedades que antes eran incurables hoy son tratadas con facilidad, y la expectativa de vida en los países occidentales está por arriba de los ochenta años. Además, los humanos vivimos libres de predadores. Las guerras son menos comunes y devastadoras que las que se libraron hace dos generaciones. Las personas cuentan con seguros de gastos médicos, de casa, de automóviles, de estudios y de vida. ¡Sí, seguros de vida! Aunque, paradójicamente, lo único seguro es que moriremos.

No obstante, a pesar de esta época de supuesta seguridad, los trastornos de ansiedad son la primera causa de atención psicológica y psiquiátrica. Ataques de pánico, trastorno de ansiedad generalizada, trastorno obsesivo-compulsivo, fobias, trastorno de angustia, trastorno de ansiedad social, trastorno de ansiedad por separación, mutismo selectivo, entre otros, son algunos de los trastornos que llevan a las personas a pedir ayuda profesional. Además de estas patologías, debemos mencionar otra ansiedad, sutil pero común, que afecta a una gran parte de la población: la ansiedad asociada al estrés que la vida contemporánea ha traído consigo.

Vivimos en una época donde los medios de comunicación y las redes sociales nos bombardean día y noche con noticias de asesinatos, complots políticos, corrupción en las instituciones religiosas y civiles, predicciones climáticas catastróficas, campañas de todo tipo con imágenes perturbadoras y personas insultándose y agrediéndose por la creciente polarización política y tribal. Además, experimentamos largas jornadas laborales, interminables horas

Día 12: Ansiedad

de tráfico, ruido en las grandes ciudades, presiones económicas, estilos de vida fuera de nuestro alcance y campañas de mercado que generan falsas necesidades por las que nos obsesionamos y gastamos lo que no tenemos.

En medio de este frenesí que la vida contemporánea ha traído, la ansiedad se ha convertido en una intrusiva realidad que nos mengua lenta pero constantemente. De hecho, no hay nada de malo en experimentar ansiedad; todos lo hacemos. Es una respuesta universal entre las especies que cuentan con una región en el cerebro llamada amígdala cerebral, cuya función es la de alertarnos de peligros que potencialmente pondrían en riesgo nuestra integridad. Por lo tanto, la ansiedad es un mecanismo de defensa, por lo que el problema no es experimentarla, sino lo que la origina.

Si una persona es presa de un incendio, de un terremoto, de un asalto, o se encuentra en medio de la selva frente a un león o un tigre, no solo nos parecería comprensible su experiencia de ansiedad (taquicardia, sudoración, falta de aliento, etc.), sino como deseable e incluso necesaria, pues, gracias a la ansiedad, la persona buscará protegerse a través de los mecanismos de lucha, huida o paralización. Es decir, de inmediato desarrollará una estrategia para tratar de salvar su vida. Afortunadamente, la gran mayoría de la gente no estamos expuestos a ese tipo de peligros, al menos no de manera constante. Aun así, la ansiedad es una epidemia en el mundo occidental.

La amígdala cerebral no distingue entre un peligro real y uno imaginario, entre un hecho y un supuesto. Cuando estamos preocupados o anticipando sucesos negativos, la ansiedad se activa. Nuestros pensamientos se convierten en la fuente de ansiedad: "¡qué va a pasar si me despiden de mi trabajo!", "¡qué va a pasar si no logro pagar mis deudas!", "¡me preocupa lo que sucederá con la

Día 12: Ansiedad

economía del país!", "¡cómo sacaré adelante a mi familia!", "¡y si nos pasa algo producto de la inseguridad!", "¡qué tal si nos enfermamos y no hay cura para nuestro mal!", "¡y si me muero!", "¡qué mundo le dejaremos a nuestros hijos!", "¡y si en verdad el cambio climático es irreversible y morimos todos!", "¡si hablo enfrente de ellos, se burlarán de mí!", "¡pensarán que soy un incompetente!", "¡sería terrible si me equivocara!", "¡de seguro lo haré mal!", "¡siempre me pasa lo mismo!", "¡por qué la vida tiene que ser tan difícil para mí!", "¡no es justo que me traten así!", "¡no sé qué hacer para detener lo que me pasa!". Estos son tan solo algunos de los ejemplos que las personas de nuestra época experimentan constantemente, pensamientos que activan la amígdala cerebral y generan la experiencia de ansiedad. Pensamientos que provocan nuestra respuesta de lucha, huida y paralización. Pensamientos que nos quitan la paz y, sobre todo, que nos distraen de lo más importante: el reino de Dios.

Estos pensamientos no son nuevos; en realidad han azotado a la humanidad desde siempre. Epicteto, el gran filósofo estoico, empieza su libro del *Enchiridion* preguntando qué está bajo nuestro control y qué no lo está. Su respuesta pareciera sacada de la portada de un periódico contemporáneo, pues nos dice que lo que sucede en la política, en el medioambiente, en la economía, en la sociedad; lo que otros piensan, sienten o actúan está fuera de nuestro control y, por lo tanto, enfocarnos en ello solo traerá miseria a nuestra vida. Pero también advierte que aquello que está bajo nuestro control es cómo decidimos reaccionar a todos esos sucesos y que si nos enfocamos en ello entonces experimentaremos felicidad.

Jesús lo explica aún mejor. En Lucas 12,22-30, nos dice lo siguiente:

Día 12: Ansiedad

> Dijo a sus discípulos: "Por eso os digo: no andéis preocupados por vuestra vida, qué comeréis, ni por vuestro cuerpo, con qué os vestiréis: porque la vida vale más que el alimento, y el cuerpo más que el vestido; fijaos en los cuervos: ni siembran, ni cosechan; no tienen bodega ni granero, y Dios los alimenta. ¡Cuánto más valéis vosotros que las aves! Por lo demás, ¿quién de vosotros puede, por más que se preocupe, añadir un codo a la medida de su vida? Si, pues, no sois capaces ni de lo más pequeño, ¿por qué preocuparos de lo demás? Fijaos en los lirios, cómo ni hilan ni tejen. Pero yo os digo que ni Salomón en toda su gloria se vistió como uno de ellos. Pues si a la hierba que hoy está en el campo y mañana se echa al horno, Dios así la viste ¡cuánto más a vosotros, hombres de poca fe! Así pues, vosotros no andéis buscando qué comer ni qué beber, y no estéis inquietos. Que por todas esas cosas se afanan los gentiles del mundo; y ya sabe vuestro Padre que tenéis la necesidad de eso".

Jesús va un paso más allá que Epicteto y que la psicología contemporánea. No solo nos advierte de lo pernicioso e improductivo que es vivir en un estado de preocupación constante. No solo nos anima a dejar nuestras preocupaciones a un lado o a no enfocarnos en lo que está fuera de nuestro control, sino que además nos recuerda que somos hijos de Dios y que Él, como nuestro Padre, ya sabe lo que necesitamos y no nos abandonará.

Ya no es el mensaje de logro y la realización personal que la filosofía y la psicología nos transmiten, sino el mensaje de sabernos amados y cuidados por nuestro Padre. Un Padre que se ocupa por nosotros. Un Padre que tiene una relación de amor con nosotros.

Jesús también nos advierte que hay algo que tenemos que hacer para que nuestro Padre atienda nuestras peticiones y necesidades. Tan solo una cosa, pero seguro la

Día 12: Ansiedad

más importante que podemos hacer en nuestra vida: "Buscad más bien su Reino, y esas cosas se os darán por añadidura" (Lc 12,31).

El miedo que nos asalta y la anticipación de eventos negativos son comprensibles; se trata de reacciones humanas. Pero Jesús nos invita nuevamente a ir más allá de nuestra naturaleza humana y a unirnos a Él en su naturaleza divina. Nos invita a que no tengamos miedo, porque nosotros somos hijos del Padre y Él sabe lo que es mejor para nosotros. Jesús nos dice:

> No temas, pequeño rebaño, porque a vuestro Padre le ha parecido bien daros a vosotros el Reino. Vended vuestros bienes y dad limosna. Haceos bolsas que no se deterioran, un tesoro inagotable en los cielos, donde no llega el ladrón, ni la polilla; porque donde esté vuestro tesoro, allí estará también vuestro corazón. (Lucas 12,32-34)

Nuestra ansiedad dejará su efecto pernicioso cuando reconozcamos que la única riqueza que vale es la de Dios, que lo demás es ilusión.

Ojalá que sepamos encontrar esa riqueza en Él, en nuestro Padre, para que nuestro corazón habite en Él y no en la ansiedad.

DÍA 13: LA OSCURIDAD

Lucas 13,17-21

Y cuando decía estas cosas, sus adversarios quedaban confundidos, mientras que toda la gente se alegraba con las maravillas que hacía. Decía, pues: «¿A qué es semejante el Reino de Dios? ¿A qué lo compararé? Es semejante a un grano de mostaza, que tomó un hombre y lo puso en su jardín, y creció hasta hacerse árbol, y las aves del cielo anidaron en sus ramas.» Dijo también: «¿A qué compararé el Reino de Dios? Es semejante a la levadura que tomó una mujer y la metió en tres medidas de harina, hasta que fermentó todo.»

Día 13: La oscuridad

La oscuridad está en el origen de la vida. Así lo expresa el Génesis 1,2, así lo vemos en el cigoto, así lo vemos en la semilla sembrada. Así lo vemos también en la forma como funcionan la mente y el alma. Sin momentos de oscuridad no habría crecimiento ni luz en nuestras vidas. Jonás es devorado por un gran pez y pasó tres días y tres noches en la oscuridad de su vientre hasta que experimentó una transformación interior, una forma de comprender y aceptar el plan de Dios en su vida. Jesús compara el proceso de Jonás con el proceso que Él mismo habrá de experimentar y dice: "Porque de la misma manera que Jonás estuvo en el vientre del cetáceo tres días y tres noches, así también el Hijo del hombre estará en el seno de la tierra tres días y tres noches" (Mt 12,40). En el credo lo decimos: "Fue crucificado, muerto y sepultado, descendió a los Infiernos, al tercer día resucitó de entre los muertos". Jesús tiene que pasar esos tres días en el Seol, en el Infierno, en la oscuridad, para así poder abrir las puertas del Cielo.

Pareciera que está en nuestra naturaleza el pasar momentos de oscuridad. Momentos donde podemos sentirnos alejados de la luz, de Dios, de los demás y de nosotros mismos. La depresión, junto con los trastornos de ansiedad, es una de las más grandes epidemias mentales que los humanos experimentamos en la vida contemporánea. Según la Organización Mundial de la Salud,[1] a nivel global, 264 millones de personas experimentan ese trastorno. Desafortunadamente, la visión que se tiene de la depresión es la de un mal del que uno se tiene que deshacer, la de una enfermedad de la que necesitamos ser curados, y así también lo considera el manejo terapéutico.

---

[1] Para saber más de esta estadística: https://www.who.int/newsroom/fact-sheets/detail/depression

Día 13: La oscuridad

Sin duda, la depresión es debilitante e incapacitante; es más, no hay ninguna otra enfermedad, ni física ni mental, que cuente entre sus síntomas el deseo de morir y el intento de matarse. La depresión es devastadora, pero también constituye una gran oportunidad.

Al igual que el vientre del cetáceo en la historia de Jonás o el Seol en la muerte de Jesús, la oscuridad que experimentamos en la depresión constituye la oportunidad para interiorizarnos, identificar lo que Dios quiere de cada uno y rectificar el camino. En medio de la oscuridad, el alma puede germinar un nuevo ser que se abre paso hacia la luz para florecer y dar fruto. Así comenzó el origen de la vida, así comienza la vida de cada persona, así se vive la transformación a la que todos estamos llamados y así también se abre camino la fe en nuestras vidas.

Jesús, en el capítulo 13 de Lucas, nos presenta la parábola de la semilla de la mostaza. Nos dice: "¿A qué es semejante el Reino de Dios? ¿A qué lo compararé? Es semejante a un grano de mostaza, que tomó un hombre y lo puso en su jardín, y creció hasta hacerse árbol, y las aves del cielo anidaron en sus ramas" (Lc 13,18-19).

Es una parábola llena de simbolismo; es una hermosa imagen del proceso que va de la oscuridad a la luz. Es el cigoto diminuto, imperceptible, pero que contiene todo el material genético que lo hará desarrollarse en un individuo único e irrepetible. El cigoto que, a pesar de su minúscula dimensión, ya es un ser humano, en desarrollo, como todos lo estamos, pero un ser humano. La imagen de Dios abriéndose paso en la oscuridad para salir a la luz.

Así pues, la semilla de mostaza es la más pequeña de todas las semillas; pero, a pesar de ello, llega a crecer tan grande como un árbol donde anidan las aves. La fe, al igual que el cigoto, que Jonás, que Jesús y que la posible

Día 13: La oscuridad

transformación en medio de la depresión, también se abre paso en medio de la oscuridad, germinando, buscando la luz, creciendo, dando sombra y frutos y permitiendo que las aves aniden ahí. Esa oscuridad es el interior del alma y la semilla es la transmisión de Dios a los demás. Los padres lo hacen con sus hijos; los sacerdotes, con los laicos, y los laicos estamos llamados a hacerlo con el mundo, con todo aquel que cruza por nuestra vida.

La semilla hará su trabajo: se abrirá y germinará tratando de salir en medio de la tierra, pero si esta no tiene nutrientes, si no cuenta con humedad o si carece de las condiciones necesarias, no logrará recibir la luz y crecer. Lo mismo pasa con nuestra fe: una vez que la palabra ha sido transmitida y sembrada en el hombre, requerirá de una tierra fértil llena de nutrientes, que es una comunidad de fe; necesitará de la humedad, que es la oración constante; y, finalmente, de la luz que le permita emprender el proceso de continuo crecimiento, que son los sacramentos y la palabra de Dios. Los papás, los sacerdotes y los laicos no cumplimos nuestra misión solo sembrando la semilla; tenemos que fertilizar la tierra, regarla y quitar la maleza y los arbustos que impiden que la luz del sol llegue a ella.

Los papás harán bien al cuidar que la escuela, el ambiente social y la vida familiar sean el terreno fértil para que la semilla de sus hijos crezca, además de brindar la luz de los sacramentos y de la palabra. Los sacerdotes harán bien si en su parroquia promueven la interacción comunitaria, si van más allá de la misa de los domingos y promueven una educación religiosa continua para adultos. Y los laicos tenemos que salir del aletargamiento, pues la secularización del mundo va *in crescendo*. Todos podemos transmitir la palabra y trabajar por un mundo más

Día 13: La oscuridad

justo y equitativo, por un mundo más cristiano, y podemos hacerlo empezando por nuestra propia vida, siendo ejemplo de esa justicia, equidad y cristianismo.[2]

Así las semillas de mostaza que han sido sembradas podrán crecer "hasta llegar a ser como un árbol, en cuyas ramas anidan las aves".

---

[2] Comparto algunos recursos que han sido invaluables para mi familia y para mí. FORMED: https://formed.org; Catholic Answers: https://www.catholic.com; Relevant Radio: https://relevantradio.com; EWTN: https://www.ewtn.com; The Patrick Coffin Show: https://www.patrickcoffin.media; National Catholic Register: https://www.ncregister.com; Marchando Religión: https://marchandoreligion.es

DÍA 14: LOS DISCÍPULOS

Lucas 14,25-35

Caminaba con Él mucha gente, y volviéndose les dijo: «Si alguno viene donde mí y no odia a su padre, a su madre, a su mujer, a sus hijos, a sus hermanos, a sus hermanas y hasta su propia vida, no puede ser discípulo mío. El que no lleve su cruz y venga en pos de mí, no puede ser discípulo mío. Porque ¿quién de vosotros, que quiere edificar una torre, no se sienta primero a calcular los gastos, y ver si tiene para acabarla? No sea que, habiendo puesto los cimientos y no pudiendo terminar, todos los que lo vean se pongan a burlarse de él, diciendo: "Este comenzó a edificar y no pudo terminar." O ¿qué rey, que sale a enfrentarse contra otro rey, no se sienta antes y delibera si con 10.000 puede salir al paso del que viene contra él con 20.000? Y si no, cuando está todavía lejos, envía una embajada para pedir condiciones de paz. Pues, de igual manera, cualquiera de vosotros que no renuncie a todos sus bienes, no puede ser discípulo mío. Buena es la sal; mas si también la sal se desvirtúa, ¿con qué se la sazonará? No es útil ni para la tierra ni para el estercolero; la tiran afuera. El que tenga oídos para oír, que oiga.»

Día 14: Los discípulos

Cuando conviví con La Communauté de l'Agneau quedé sorprendido por su forma de vida. Esta comunidad de hermanitos y hermanitas creada por un franciscano y una dominica tenía un objetivo: dejarlo todo, absolutamente todo, por amor a Dios y al Evangelio.

Los hermanitos del Cordero son mendicantes, por lo que llevan "nada para el camino, ni bastón, ni alforja, ni pan, ni plata; ni tengáis dos túnicas cada uno. Cuando entréis en una casa, quedaos en ella hasta que os marchéis de allí" (Lc 9,3-4). Viven de manera radical el mandato de la pobreza evangélica. Los días y las noches los pasaban en compañía de los más desafortunados, los sintecho, los mendigos que, a diferencia de ellos, no habían escogido esa vida, sino que las circunstancias, las experiencias y la debilidad humana los tenía en la miseria, física y social.

Con los hermanitos hice el camino de Santiago de Compostela, desde Barcelona hasta Santiago. Viajé como uno de ellos, abierto a la providencia que se hizo presente en la generosidad y la misericordia que otras personas tenían con nosotros. Cuando el cansancio, el hambre y el trato ofensivo de los otros me parecían imposibles de soportar, los hermanitos sacaban el rosario y rezaban. La oración era, y es, su arma contra la desesperación humana, su medio para recordar que lo que hacen lo hacen por Dios y no por ellos. También tuve la oportunidad de ir a Saint Pierre, cerca de Perpignan, donde tienen su comunidad en medio de las montañas: un monasterio de madera, sin agua corriente, sin calefacción, sin comodidades, pero lleno de amor y de la presencia de Dios. La comida del lugar eran los alimentos caducos que recibían de los supermercados o que conseguían al mendigar en las calles. La forma de bañarse era a jicarazos en la fría madrugada del sur de Francia. La noche la pasaban en el piso con bolsas de dormir o en pequeñas chozas de madera en

Día 14: Los discípulos

unos sencillos camastros. A pesar de las limitaciones y de las incomodidades, recuerdo haber experimentado una profunda paz y alegría al estar con ellos. Su simplicidad y su humildad no tienen igual, pero son dignas de imitar.

Además de la extrema pobreza con la que vivían los hermanitos, había algo que me cautivó. Cada uno de ellos había cambiado su nombre al momento de tomar los votos. El superior escogía su nuevo nombre en honor de un santo que sería su patrón, su inspiración en su búsqueda de atender el llamado que el Señor había hecho en cada uno de ellos. Este acto no es solo un símbolo, sino un cambio radical en la identidad del individuo. Esa persona ya no es la que ha sido; ahora es alguien nuevo, alguien diferente.

El nuevo nombre representa el nuevo camino en la vida, pero también el despojo de todo aquello que eran y tenían hasta ese momento. Ya no eran ellos; no podían conservar nada de su pasado, ni siquiera los lazos afectivos de quienes habían hecho tanto por ellos, como sus padres o sus hermanos. Los hermanitos y hermanitas de la Comunidad del Cordero renuncian a todo, incluyendo a su identidad y a su pasado. Lo hacen por amor a Dios.

Este acto radical de despojo es en realidad el llamado que todos los cristianos debemos atender. Jesús, en el capítulo 14,26-27 de Lucas nos dice:

> Si alguno viene donde mí y no odia a su padre, a su madre, a su mujer, a sus hijos, a sus hermanos, a sus hermanas y hasta su propia vida, no puede ser discípulo mío. El que no lleve su cruz y venga en pos de mí, no puede ser discípulo mío.

Si bien Lucas utiliza la palabra *odiar*, Jesús no la emplea en el sentido de tener odio, pues eso significa 'aversión hacia alguien cuyo mal se desea', todo lo contrario a lo

Día 14: Los discípulos

que Él nos enseña. Aquí el término tiene un sentido figurado, pues más bien Jesús nos pide dejar todo y a todos para seguirlo. Ser cristiano significa atender el llamado de Jesús. Significa dejarlo todo por Él y entregarnos completamente a Él. Pero ¿en verdad he de dejar a mis padres, a mi mujer a mis hijos y hermanos por Él? Sí, tienes que dejarlos por Él si eso es lo que te pide.

Tal vez no todos tenemos que hacerlo como lo hacen los hermanitos del Cordero; no todos hemos de seguir ese llamado de castidad y pobreza extrema como ellos, pues, de hacerlo así, no cumpliríamos con el llamado del Señor: "Vosotros, pues, sed fecundos y multiplicaos; pululad en la tierra y dominad en ella" (Gén 9,7).

En la instrucción que Jesús da a sus discípulos sobre dejar a los seres queridos, incluye "el que no lleve su cruz y venga en pos de mí, no puede ser discípulo mío", por lo que Jesús no nos pide ser irresponsables y no cumplir con nuestro compromiso matrimonial y paterno, o ir en contra del cuarto mandamiento; nos pide que estemos dispuestos a dejarlos si eso es lo que Él quiere para nosotros.

La esposa, los hijos, los padres y los hermanos no pueden estar por encima de Jesús. Nuestra naturaleza humana hace que los amemos y nos apeguemos a ellos, y lo anterior es comprensible pero también peligroso. Nuestros apegos por ellos pueden terminar en una forma de idolatría, de creer que ellos son lo más importante en nuestras vidas, de pensar que hemos sido llamados a darlo todo por ellos y, por lo tanto, que ocupen el lugar de Dios en nuestra vida.

El problema de un apego así a nuestros seres queridos tiene consecuencias psicológicas y espirituales. Psicológicas porque en realidad nosotros no controlamos su presencia en nuestras vidas. Tarde o temprano todos perderemos a nuestros padres, a nuestra pareja y tal vez incluso a nuestros hijos. La muerte los visitará, y un apego desmedido a ellos provocará que su ausencia conlleve un sinsentido en nuestra vida. Nuestro amor desmedido hacia ellos nos hace vulnerables ante la incapacidad de controlar los sucesos de la vida. Las consecuencias espirituales radican en que, al ser ellos lo más importante, entonces Dios no lo es. Un amor desmedido a nuestros seres queridos atenta contra el primer mandamiento: "Amarás a Dios sobre todas las cosas" y, por lo tanto, atenta contra nuestra verdadera identidad, la de hijos de Dios.

Como lo mencioné, Jesús no nos llama a ser irresponsables. Los hermanitos del Cordero renuncian a todo, pero no de manera irresponsable; no son admitidos en la comunidad si están casados o si tienen hijos que dependan de ellos. Renuncian a la posibilidad de ser esposos y padres, pero no abandonan a su pareja e hijos. En realidad, Jesús nos llama a los hombres y mujeres casados a una disposición, a una actitud, a una apertura de que se haga su voluntad y no la nuestra. A que si Él decide que nuestra cruz sea perder a nuestros seres queridos, entonces la abracemos; que sepamos aceptarla como parte de su plan salvífico para la humanidad, como parte de algo superior a nosotros mismos y a nuestros apegos.

Es por eso por lo que Jesús nos dice: "Pues, de igual manera, cualquiera de vosotros que no renuncie a todos sus bienes, no puede ser discípulo mío" (Lc 14,33).

Renunciar a nuestros bienes, incluso a los más valiosos, como la pareja y los hijos, es abrirse a aceptar la voluntad de Dios, a reconocer que nosotros no estamos a cargo, sino Él. No hacerlo así sería una ilusión, un error, pues, al final, la vida y la presencia de nuestros seres queridos está fuera de nuestro control y poder.

DÍA 15: LA PSICOLOGÍA MASCULINA

Lucas 15,11-32

Dijo: «Un hombre tenía dos hijos; y el menor de ellos dijo al padre: "Padre, dame la parte de la hacienda que me corresponde." Y él les repartió la hacienda. Pocos días después el hijo menor lo reunió todo y se marchó a un país lejano donde **malgastó su hacienda viviendo como un libertino**. Cuando hubo gastado todo, sobrevino un hambre extrema en aquel país, y comenzó a pasar necesidad. Entonces, fue y se ajustó con uno de los ciudadanos de aquel país, que le envió a sus fincas a apacentar puercos. Y deseaba llenar su vientre con las algarrobas que comían los puercos, pero nadie se las daba. Y entrando en sí mismo, dijo: "¡Cuántos jornaleros de mi padre tienen pan en abundancia, mientras que yo aquí me muero de hambre! **Me levantaré, iré a mi padre y le diré: Padre, pequé contra el cielo y ante ti. Ya no merezco ser llamado hijo tuyo, trátame como a uno de tus jornaleros."** Y, levantándose, partió hacia su padre. Estando él todavía lejos, **le vio su padre y, conmovido, corrió, se echó a su cuello y le besó efusivamente.** El hijo le dijo: "Padre, pequé contra el cielo y ante ti; ya no merezco ser llamado hijo tuyo." Pero el padre dijo a sus siervos: **"Traed aprisa el mejor vestido y vestidle, ponedle un anillo en su mano y unas sandalias en los pies. Traed el novillo cebado, matadlo, y comamos y celebremos una fiesta, porque este hijo mío estaba muerto y ha vuelto a la vida; estaba perdido y ha sido hallado."** Y comenzaron la fiesta. Su hijo mayor estaba en el campo y, al volver, cuando se acercó a la casa, oyó la música y las danzas; y llamando a uno de los criados, le preguntó qué era aquello. Él le dijo: **"Ha vuelto tu hermano y tu** *padre ha matado el novillo cebado, porque le ha recobrado sano." Él se irritó y no quería entrar. Salió su padre, y le suplicaba. Pero él replicó a su padre: "Hace tantos años que te sirvo, y jamás dejé de cumplir una orden tuya, pero nunca me has dado un cabrito para tener una fiesta con mis amigos; y ¡ahora que ha venido ese hijo tuyo, que ha devorado tu hacienda con prostitutas, has matado para él el novillo cebado!" Pero él le dijo: "Hijo, **tú siempre estás conmigo, y todo lo mío es tuyo**; pero convenía celebrar una fiesta y alegrarse, porque este hermano tuyo estaba muerto, y ha vuelto a la vida; estaba perdido, y ha sido hallado."»*[1]

---

[1] Las negritas fueron incluidas por el autor.

Día 15: La psicología masculina

El Evangelio de Lucas en su capítulo 15, versículos del 11 al 32, nos presenta una potente parábola sobre el amor y la misericordia del Padre, en la que utiliza una narrativa cargada de imágenes profundamente humanas, así como de la experiencia psicológica que los padres e hijos tenemos, y nos ayuda ver cómo ambas partes han de conducirse. Es una parábola que tiene aún mayor relevancia para aquellos que tienen hijos varones adolescentes.

El evangelista nos narra una situación donde hay tres varones: uno es el padre y los otros dos son los hijos. El menor decide salir a probar suerte en el mundo, y el padre divide la herencia entre los dos hijos. No hay injusticia de parte del padre; a ambos les da lo mismo. Pero uno se queda con él y el otro se va. Con el tiempo, uno buscará la misericordia del padre y otro se resentirá con él.

Independencia y dependencia son dos extremos de un mismo fenómeno en la psicología masculina. Los hombres vivimos este continuo de maneras diversas, algunos con mayor tendencia hacia un lado y otros hacia el opuesto; no podemos decir que hay una forma universal y correcta de hacerlo. Sin embargo, el extremo *independencia* contiene una energía y una atracción que resultan de gran interés para muchos hombres y que arroja luces de entendimiento sobre la psicología masculina. Lo vemos a lo largo de la historia, desde los exploradores y conquistadores hasta los soldados dispuestos a poner en riesgo su vida o los emprendedores que arriesgan su patrimonio para lograr sus objetivos. La necesidad de dejar la casa del padre conlleva el deseo de la exploración del mundo y la superación de retos. El hombre necesita de desafíos que le permitan medir sus fuerzas y capacidades para poder construir una identidad propia. En la conquista del mundo externo está la conquista del mundo interno. Vivir

Día 15: La psicología masculina

este proceso de manera apropiada resulta de suma importancia en la constante edificación de la identidad del hombre. Permitirá un conocimiento personal y una confianza en sí mismo que lo ayudará abrirse paso ante las dificultades de la vida.

Ese es el mensaje detrás de la historia de san Jorge al enfrentar al dragón o la historia detrás de Abraham, quien es llamado a dejar la casa de su padre para convertirse en el padre de las naciones. Es el contenido detrás de los ritos de iniciación en las culturas primitivas y tradicionales; es la historia de José, quien tuvo que ser vendido por sus hermanos para abrirse paso por la vida y comprender su vocación y sus extraordinarias cualidades, y así poder salvar a miles de personas de morir de hambre, incluidos su padre y los mismos hermanos que lo habían vendido. Es el impulso que llevó a Colón a buscar nuevas tierras o a los astronautas a alcanzar la Luna. Es el mismo impulso que experimenta el joven graduado de la preparatoria al inscribirse en una carrera que sus padres no apoyan o la del joven que decide unirse al Ejército o viajar y trabajar en tierras lejanas durante un año antes de tomar su decisión sobre a qué se quiere dedicar en la vida. La independencia en el hombre es el proceso por el cual deja de ser un niño dependiente de sus padres para convertirse en un hombre autosuficiente.

Sin embargo, si este proceso de independencia no se vive de manera constructiva o no está orientado hacia la edificación de uno mismo, puede traer graves consecuencias. Se convierte en un reflejo del ego, de la creencia de merecerlo todo. Eso es lo que le pasa al personaje de esta parábola, al hijo menor. Viviendo bajo el sesgo de invulnerabilidad y mortalidad negada, decide ir y gastar toda su fortuna en una mala vida, en excesos, sin límites, viviendo en *hakuna matata*, como se canta en *El rey león*.

Día 15: La psicología masculina

Creyó que podría vivir sin responsabilidades, entregado al placer y al ocio, en una vida hedonista, en la autodestrucción disfrazada de libertad y placer. Las consecuencias no se hicieron esperar mucho: la miseria pronto lo golpeó. Tuvo que aprender de manera contundente que él ya no era un niño, que ya no estaba su papá para protegerlo y evitarle las consecuencias de sus actos. Tuvo que experimentar que sus erráticas decisiones tuvieron efectos, efectos que tarde o temprano se hicieron presentes, y que cuando llegaron no resultaron agradables. Él, el hijo de un gran señor, no tuvo acceso ni al alimento que les daban a los cerdos, el animal más indigno para los judíos.

Pero, por otro lado, el hijo mayor decidió el extremo de la dependencia. En principio, puede parecer admirable por su fidelidad y solidaridad con su padre, pero en realidad pareciera esconder motivos distintos; lo vemos en su fuerte y resentida reacción cuando se entera de que su padre ha matado un ternero cebado para celebrar la llegada del hijo perdido. El supuesto hijo fiel y solidario se transforma en un ser lleno de envidia, amargura y resentimiento.

Decantarse por la dependencia del padre en algunos casos puede deberse a verdadera fidelidad y solidaridad con él, pero en muchas otras ocasiones es la estrategia para no enfrentar la existencia por uno mismo, para vivir protegido bajo el brazo del padre y de lo que él ha hecho. Si es así, representa entonces una falsa solución al temor de no ser lo suficientemente competente para abrirse paso por sí mismo. Una solución para no experimentar la vulnerabilidad y moverse en terreno seguro. Si la decisión de quedarse en el extremo de la dependencia es por temor y evasión, el niño no se transforma en hombre; se transforma en un ser complaciente, que oculta sentimientos y pensamientos asociados con la envidia, la injusticia y el reproche. Lo quiere todo para él, y, si no lo obtiene, su amargura se hará evidente.

Teniendo en cuenta este continuo entre la independencia y la dependencia, los padres podemos entonces generar una actitud más comprensiva hacia los hijos adolescentes. Como el padre de la parábola, podemos comprender que el hijo tiene que abrirse camino; que es importante que deje la dependencia para pasar de la infancia a la adultez, del niño al hombre. En ese camino no hay garantías; los chicos tendrán que caer, cometer errores y aprender de ellos. Pero también tendrán que enfrentar las consecuencias de sus actos, así como asumir responsabilidades en la vida. Pues en las responsabilidades el hombre encuentra su verdadera medida y no en la satisfacción de sus pasiones o impulsos.

Los papás haremos bien al cultivar en nuestros hijos la capacidad de arrepentimiento desde la infancia, para que así puedan con humildad recapacitar sobre sus acciones y pedir perdón, como lo hace el hijo menor de esta historia. Pero también valdrá la pena ser cautos con la dependencia y sobreprotección hacia los hijos, pues estas pueden dar paso al resentimiento y la envidia que el hijo mayor muestra en la narración. Nuestros hijos necesitan saber que todo lo nuestro les pertenece, pero que solo podrán acceder a ello a través de la humildad y el esfuerzo, y no por las rabietas o la rivalidad con sus hermanos.

Muchos son los jóvenes que, como el hijo menor de la parábola, se dejan engañar por la seducción del mundo y por su ego. Buscan vivir en *hakuna matata*, entregados a la satisfacción de los sentidos y de las pasiones, bebiendo, drogándose, teniendo sexo o hundidos en internet. Jóvenes que buscan sus derechos, pero no sus responsabilidades. Jóvenes que hacen del placer su modo de vida, que no pasan de la niñez a la adultez. Muchos otros son los

Día 15: La psicología masculina

que buscan la protección de su padre y, al igual que el hijo mayor, se quedan a atender los negocios familiares, administrando algo que ellos no han construido, de lo que obtienen beneficio. No hay nada de malo en hacerlo así, pero el riesgo está en no encontrar su propio lugar en la vida, en vivir siempre bajo la sombra del padre, en creer que es por linaje que les corresponde gozar de lo que el padre tiene y no por mérito propio. Un hombre así tampoco pasa de la niñez a la adultez; solo lo aparenta.

Promover el camino medio entre la independencia y la dependencia, así como el esfuerzo como el medio por el cual se logran los privilegios, y sostener una actitud de empatía y comprensión en la construcción de la masculinidad de nuestros hijos será fundamental para que, si erran en el camino, sepan volver hacia nosotros con humildad y nosotros sepamos acogerlos como nuestro Padre lo hace cuando nos arrepentimos y dejamos nuestro ego a un lado para buscar su misericordia y protección.

DÍA 16: EL DIVORCIO

Lucas 16,14-18

Estaban oyendo todas estas cosas los fariseos, que eran amigos del dinero, y se burlaban de Él. Y les dijo: «Vosotros sois los que os la dais de justos delante de los hombres, pero Dios conoce vuestros corazones; porque lo que es estimable para los hombres, es abominable ante Dios. La Ley y los profetas llegan hasta Juan; desde ahí comienza a anunciarse la Buena Nueva del Reino de Dios, y todos se esfuerzan con violencia por entrar en él. Más fácil es que el cielo y la tierra pasen, que no que caiga un ápice de la Ley. Todo el que repudia a su mujer[1] y se casa con otra, comete adulterio; y el que se casa con una repudiada por su marido, comete adulterio.»

---

[1] Entiéndase *el que se divorcia de su mujer*, como es traducido en otras versiones.

Día 16: El divorcio

De acuerdo con información de la Organización para la Cooperación y el Desarrollo Económico (OECD, por sus siglas en inglés) y la Comisión Europea, el divorcio ha tenido una tendencia creciente, y el matrimonio, decreciente.[1,2] En 1960 el índice global de divorcio fue de 12 % del total de matrimonios; en el 2017 fue el 44 %. Los diez países con mayor tasa de divorcio en el mundo son los siguientes: Luxemburgo con 87 %, España con 65 %, Francia con 55 %, Rusia con 51 %, Estados Unidos con 46 %, Alemania con 44 %, Reino Unido con 42 %, Nueva Zelanda con 42 %, Australia con 38 % y Canadá con 38 %. El país que menos divorcios tiene es la India, con una tasa del 1 %.

En cuanto a la religión que practican las personas que se divorcian, el Pew Research Center ofrece las siguientes estadísticas:[3] 74 % son cristianos, de los cuales 28 % son evangélicos protestantes y 19 % son católicos. Judíos, musulmanes, budistas e hindús representan el 5 % y el resto lo componen los no afiliados, los ateos y los agnósticos.

En la investigación conducida por Amato & Previti (2003) *People's Reasons for Divorcing*, los autores encontraron que, en Estados Unidos, los motivos por los cuales las personas buscan el divorcio son los siguientes: 24.6 %

---

[1] Para mayor información, consultar la página
https://www.oecd.org/els/family/SF_3_1_Marriage_and_divorce_ra
tes.pdf
[2] Para mayor información, consultar la página
https://ec.europa.eu/eurostat/statistics-
explained/index.php?title=Special:WhatLinksHere/Marriage_and_d
ivorce_statistics
[3] Para mayor información, consultar la página
https://www.pewforum.org/religious-landscape-study/marital-
status/divorcedseparated/

Día 16: El divorcio

por incompatibilidad/desarrollo, 18.4 % por infidelidad, 9.0 % por alcohol/drogas, 7.8 % por problemas de personalidad, 7.4 % por poca comunicación, 4.9 % por abuso físico o mental y 27.8 % por otras razones.[4]

En cuanto al matrimonio, en un estudio realizado en 26 países de la Unión Europea, se señala que en 1965, por cada 1000 personas, 7.8 se casaban; en 2017, solo 4.4.[5] Esta tendencia se observa también en los países miembros de la OECD, incluyendo a México y a Estados Unidos.[6]

El divorcio es una dolorosa y creciente realidad. Sin duda hay situaciones donde el divorcio es necesario por el grave riesgo a la integridad de uno o ambos esposos, e incluso a la de los hijos. Pero eso solo es el 4.9 % de los casos; el 95.1 % no implica un peligro para la vida o la integridad física o mental de la familia. ¿Qué está pasando? ¿Por qué las parejas no están logrando vivir juntas y en armonía?

Además, sorprende que quienes más se divorcian son los cristianos —incluyendo a los católicos—, especialmente porque Cristo fue claro sobre el tema, como lo explica el capítulo 16 de Lucas: "Todo el que repudia a su mujer y se casa con otra, comete adulterio; y el que se casa con una repudiada por su marido, comete adulterio".

El divorcio fue, pues, condenado por Jesús, y por una buena razón: el divorcio rara vez es la solución; en cambio suele ser la perpetuación del problema, no solo para la pareja, sino para los hijos.

---

[4] Para mayor información, consultar la página http://pdfs.semanticscholar.org/8cac/04a71b433c465b781738bb7742 3d4af79528.pdf
[5] Para mayor información, consultar la página https://ec.europa.eu/eurostat/statistics-explained/index.php?title=Marriage_and_divorce_statistics#Fewer _marriages.2C_more_divorces
[6] Para mayor información, ver la nota 1 de este capítulo.

Día 16: El divorcio

En mi consulta he tenido la oportunidad de trabajar tanto con las parejas que se han divorciado como con sus hijos. Algunos responden con cierta ecuanimidad, y otros, con descontrol. Si una de las dos partes no quiere el divorcio, suele entrar en incredulidad, vulnerabilidad y hasta en conductas desesperadas para evitar que su pareja la deje, incluso involucrando a los hijos para que estos sirvan como sus abogados y traten de convencer a la otra parte de no divorciarse. Por lo general, tales conductas no sirven de nada; incluso provocan que el otro se envalentone más y acelere el proceso, lo que termina incrementando el dolor. Si ambos están decididos a separarse, suelo ver una actitud proactiva ante el proceso, incluso precipitada, pues creen que una vez concluido el divorcio todo estará mejor y representará una nueva oportunidad en sus vidas de comenzar todo de nuevo, que serán "libres". Finalmente, he visto a aquellos que sin haberse divorciado, deciden iniciar una "nueva vida" dejando a su pareja e hijos, adquiriendo un departamento o casa nueva e iniciando nuevas relaciones románticas. Estas personas no pueden esperar si quiera a que el divorcio esté concluido, pues el deseo de dejar todo atrás las precipita a tomar decisiones de enorme trascendencia.

En medio del caos y la confusión que atraviesa la pareja, están los hijos. Con frecuencia observo que estos son los menos preparados para lo que sucede y, por lo tanto, los más vulnerables. Es común que cuando las parejas deciden divorciarse no sea por razones súbitas; por el contrario: sus problemas suelen tener meses, si no es que años de acumulamiento. De alguna manera, ellos se han "preparado" para ese momento, o al menos eso suelen creer, pero en el caso de los hijos, muchos ni lo sospechaban y la decisión los toma por sorpresa. Recientemente le

Día 16: El divorcio

escuché a Patrick Madrid la siguiente analogía: "Es como si papá y mamá pilotean un avión y de pronto el motor tiene problemas, por lo que van a la zona de pasajeros, donde se encuentran sus hijos, y les dicen: 'Tenemos que saltar del avión porque el motor no está funcionando, pero no hay paracaídas para ustedes, solo para nosotros'". Muchos hijos no tienen ni idea de lo que ha estado sucediendo entre sus papás y no saben cómo enfrentarlo. Algunas parejas ni siquiera les dan razones claras a sus hijos de por qué toman semejante decisión. Les dicen: "Algún día sabrás lo que sucedió" o "cuando seas mayor te contaré todo". Los hijos no pueden esperar uno, dos, tres o cinco años para comprender lo que está sucediendo; los hijos necesitan comprenderlo en el presente, pues para ellos su universo suele estar sostenido por dos pilares, mamá y papá, y si estos pilares se separan, su mundo, su universo, puede venirse abajo y sus consecuencias pueden ser permanentes.

Así pues, pareciera haber un patrón en las familias que experimentan un divorcio, que se da en forma de sismo. El epicentro se encuentra en el momento de la decisión, sea por infidelidad, violencia o lo que fuera, por lo que la fractura suele conllevar una sacudida o crisis emocional en todos los miembros de la familia. Los primeros dos años después del sismo serán los más difíciles, pues el proceso de adaptación, remoción de escombros y reconstrucción no resultará fácil, pero la mayoría de las parejas e hijos reportan una mejoría pasado este tiempo. Sin embargo, no siempre lo más devastador es el terremoto en sí, sino las réplicas que se dan con el tiempo.

Desafortunadamente, pasados los dos primeros años del divorcio no significa que no habrá más efectos negativos; por el contrario, significa que la persona se ha

Día 16: El divorcio

adaptado a su nueva realidad, pero esta se encuentra lejos de ser la ideal. En el caso de los hijos, la investigación muestra que suele haber más problemas académicos o delictivos, casos de abandono de hogar, promiscuidad, problemas de substancias y conflictos de pareja entre los hijos de papás divorciados que entre aquellos de familias nucleares y en armonía. Claro está que esto no sucede en la totalidad de los casos, pero la probabilidad de experimentar dichas experiencias se incrementa. Incluso, personas de cuarenta años aún encuentran difícil sobrellevar el divorcio de sus padres que tuvo lugar veinte años atrás. Es complicado decidir con quién se pasará la Navidad, con quién se celebrará el Año Nuevo. ¿Cómo lo tomará mamá o papá si se convive con el otro y su nueva pareja? ¿Cómo explicar a los hijos que el abuelo o la abuela ya no están unidos y que tienen otro compañero en su vida? El divorcio no es fácil para nadie; incluso cuando el tiempo ha pasado no necesariamente deja de impactar en la vida de la familia.

Como ya lo mencioné, hay casos donde el divorcio podría ser la única solución posible. En especial cuando está en riesgo la integridad física o mental de algún miembro de la familia. O incluso cuando pareciera que alguien no está dispuesto a cumplir con su compromiso de fidelidad matrimonial. Sin embargo, a pesar de que haya casos en donde pareciera no haber más opción que la ruptura —y sin juzgar las motivaciones de quienes han tomado dicha decisión—, el divorcio suele ser en muchos casos no la solución, sino la perpetuación de los problemas o incluso la generación de nuevos conflictos.

Es principalmente difícil para las mujeres, quienes suelen experimentar mayores restricciones económicas, menos tiempo personal y mayor riesgo para su salud física y emocional, e incluso para su seguridad personal. La

Día 16: El divorcio

investigación muestra que las mujeres divorciadas tienen menos ingresos económicos que los hombres, que atienden trabajo laboral y trabajo en el hogar, que suelen pasar más tiempo con los hijos y asumir su atención, que están en mayor riesgo de desarrollar enfermedades crónicas y de experimentar depresión y ansiedad, así como de ser víctimas de abuso sexual.[7]

El divorcio duele cuando se genera la herida y cuando se trata de cicatrizar. Y no siempre se logra una curación o cicatrización completa, al menos no para todos los miembros de la familia.

Por todo esto y más Jesús condenó el divorcio y nos dice que quien se divorcia y busca a alguien más comete adulterio, pues aquello que era sagrado entre dos personas y sus descendientes se ha roto y se ha involucrado a un tercero que no tiene lugar en la familia. Jesús es incluso más claro sobre este tema en el Evangelio de Mateo 19,3-9:

> Y se le acercaron unos fariseos que, para ponerle a prueba, le dijeron: "¿Puede uno repudiar a su mujer por un motivo cualquiera?". Él respondió: "¿No habéis leído que el Creador, desde el comienzo, los hizo varón y hembra, y que dijo: 'Por eso dejará el hombre a su padre y a su madre y se unirá a su mujer, y los dos se harán una sola carne'? De manera que ya no son dos, sino una sola carne. Pues bien, lo que Dios unió no lo separe el hombre". Dícenle: "Pues ¿por qué Moisés prescribió dar acta de divorcio y repudiarla?". Díceles: "Moisés, teniendo en cuenta la dureza de vuestro corazón, os permitió repudiar a vuestras mujeres;

---

[7] Para un análisis más exhaustivo sobre las dificultades de las personas divorciadas y los beneficios de los casados se puede consultar el libro *The Case of Marriage: Why Married People are happier, Healthier and Better Off Financially*, de Linda Waite y Maggie Gallagher.

Día 16: El divorcio

pero al principio no fue así. Ahora bien, os digo que quien repudie a su mujer —no por fornicación— y se case con otra, comete adulterio".

Por lo tanto, y contestando a nuestra pregunta inicial de por qué las parejas no están logrando vivir juntas y en armonía, habríamos de decir junto con Jesús que es por la dureza de su corazón, porque se han olvidado de que lo que Dios ha unido no lo ha de separar el hombre, que fueron creados varón y hembra y que, por lo tanto, ya no son dos, sino una sola carne.

El matrimonio no es fácil, pero es el mejor estado posible para el hombre y para la mujer, y también lo es para el desarrollo físico, emocional, social y espiritual de los hijos. Por lo que tal vez no deberíamos centrar todos nuestros recursos en entender el divorcio y sus devastadoras consecuencias, sino en comprender qué hace a un matrimonio ser un buen matrimonio, pues es claro que la crisis del divorcio es solo un reflejo de la crisis del matrimonio. Hoy la gente no solo quiere terminar con sus matrimonios, sino que no quiere ni siquiera iniciarlos. En comparación con 1960, actualmente hay casi 50 % menos matrimonios y 251 % más divorcios que en aquel entonces, lo que nos habla de que el problema no es el divorcio, sino la forma como estamos llevando la vida conyugal.

John Gottman, experto en terapia matrimonial, asegura que los siguientes pasos son necesarios para un matrimonio feliz, exitoso y duradero: establecer mapas de amor,[8] fomentar el cariño y la admiración, volverse el uno hacia el otro en lugar de alejarse, dejarse influir por la pareja, resolver conflictos solucionables, superar el es-

---

[8] Para saber más acerca de los mapas de amor, se puede visitar el sitio The Gottman Institute: gottman.com/blog/build-love-maps/

Día 16: El divorcio

tancamiento y crear un significado compartido. Propongo añadir algo central, algo de mayor importancia que todas las necesarias recomendaciones de Gottman: poner a Dios en el centro del matrimonio, comprender que el matrimonio es la vocación a la que hemos sido llamados, que el plan de Dios es que hombre y mujer estemos juntos para ayudar en la construcción de su reino. Y para ello la más importante estrategia es la oración constante, oración por la pareja y por uno mismo. Oración para mantener el matrimonio como algo sagrado, oración para evitar que el demonio y las tentaciones ocupen el espacio que solo corresponde a Dios y a la pareja. Así lo hicieron Tobías y Sara; así lo debemos hacer todos los casados:

> Los padres salieron y cerraron la puerta de la habitación. Entonces Tobías se levantó del lecho y le dijo: "Levántate, hermana, y oremos y pidamos a nuestro Señor que se apiade de nosotros y nos salve". Ella se levantó y empezaron a suplicar y a pedir el poder quedar a salvo. Comenzó él diciendo: ¡Bendito seas tú, Dios de nuestros padres, y bendito sea tu Nombre por todos los siglos de los siglos! Bendígante los cielos, y tu creación entera, por los siglos todos. Tú creaste a Adán, y para él creaste a Eva, su mujer, para sostén y ayuda, y para que de ambos proviniera la raza de los hombres. Tú mismo dijiste: No es bueno que el hombre se halle solo; hagámosle una ayuda semejante a él. Yo no tomo a esta mi hermana con deseo impuro, mas con recta intención. Ten piedad de mí y de ella y podamos llegar juntos a nuestra ancianidad. Y dijeron a coro: "Amén, amén". Y se acostaron para pasar la noche. (Tob 8,4-9)

Ojalá que nosotros no seamos como los fariseos, duros de corazón, y que sepamos amar a nuestra pareja y poner a Dios en el centro de nuestra relación, como lo hicieron

Tobías y Sara. El libro del doctor Enrique López, *El amor mal pensado*, es una extraordinaria fuente para lograrlo.[9]

---

[9] Para más información, se puede consultar el sitio https://elamormalpensado.com/

DÍA 17: VERANO DE LA VERGÜENZA

Lucas 17,1-4

Dijo a sus discípulos: «Es imposible que no vengan escándalos; pero, ¡ay de aquel por quien vienen! Más le vale que le pongan al cuello una piedra de molino y sea arrojado al mar, que escandalizar a uno de estos pequeños. Cuidaos de vosotros mismos. Si tu hermano peca, repréndele; y si se arrepiente, perdónale. Y si peca contra ti siete veces al día, y siete veces se vuelve a ti, diciendo: "Me arrepiento", le perdonarás.»

Día 17: El verano de la vergüenza

El día 20 de junio del 2018, el excardenal Theodor McCarrick fue removido de su cargo y de cualquier ministerio público por los delitos de abuso sexual a menores y por actuar en contra del sexto mandamiento con adultos. Poco tiempo después, se descubrió que el excardenal era en realidad un predador sexual que a lo largo de su carrera religiosa había abusado de un amplio número niños, seminaristas y personas que habían buscado guía espiritual en él.

Ese mismo verano, el 14 de agosto, se daría la noticia de que el gran jurado de Pensilvania había encontrado evidencia del posible encubrimiento por parte de obispos y jerarcas de la Iglesia de más de trescientos religiosos que habían abusado de más de mil víctimas en los últimos setenta años en tan solo seis diócesis del estado. Los escalofriantes relatos de los abusos y de las víctimas ocuparon la mayoría de las portadas de los diarios estadounidenses.

Por si fuera poco, ese mismo verano, el arzobispo Carlo Maria Viganò, quien había sido el nuncio apostólico en Estados Unidos, reveló una carta donde aseguraba que sus antecesores, el arzobispo Gabriel Montalvo y el arzobispo Pietro Sambi, y él personalmente habían informado al Vaticano de las acciones de McCarrick, por lo que el papa Benedicto XVI había impuesto restricciones para que no saliera del seminario ni diera misa pública o cualquier otro ministerio público. Pero no solo eso, el exnuncio aseguró que el papa Francisco y sus colaboradores sabían de las graves acusaciones y de las restricciones impuestas al ahora excardenal y que, a pesar de eso, el pontífice había levantado las sanciones y lo había vuelto a instaurar en un lugar de poder dentro de la jerarquía.

La bomba había explotado, y su epicentro era los Estados Unidos, con ondas expansivas que llegaban hasta

Día 17: El verano de la vergüenza

las habitaciones del papa en el Vaticano. Quienes vivimos en Estados Unidos nos encontramos en medio de una enorme crisis que recordaba la sucedida en 2002. Los católicos nos sentimos indignados; las voces no se hicieron esperar pidiendo transparencia y justicia. Los medios, junto con los enemigos de la Iglesia, aprovecharon este delicado momento para hacer acusaciones y exigir la caída de cabezas. Los católicos, en nuestra indignación y confusión, no sabíamos a quién acudir. Unos tomaron partido contra el papa y apoyaron la exigencia del arzobispo Viganò de que el sumo pontífice, junto con otros altos jerarcas de la Iglesia, renunciaran. Otros defendían a capa y espada al papa y atacaban a Viganò. La confusión crecía y no había claridad de qué pasaría. El verano del 2018 fue llamado y ahora recordado como *the summer of shame*, o el verano de la vergüenza. Todos los católicos que vivimos en Estados Unidos sentimos una profunda vergüenza de lo que estaba pasando. Desde obispos hasta laicos, todos nos sentimos ofendidos, humillados y avergonzados de lo que sucedía en la Iglesia.

En noviembre del 2020, el Vaticano publicó el reporte sobre las acusaciones y abusos contra el excardenal Mc Carrick. Lamentablemente las reacciones divididas no se hicieron esperar. Por un lado, hubo quienes se sintieron insatisfechos y hasta sospecharon del reporte, pues pareciera que en él se les asigna la responsabilidad a los pontificados de san Juan Pablo II y Benedicto XVI, así como a quien denunció los abusos y el supuesto encubrimiento, el arzobispo Viganò. Por otro lado, hubo quienes lo vieron como una exoneración al papa Francisco y dieron por concluido este doloroso episodio de la Iglesia, con el deseo de dejar atrás el tema y seguir adelante. Quien quiera leer el reporte y sacar sus propias conclusiones puede encontrarlo en la siguiente dirección electrónica:

http://www.vatican.va/resources/resources_rapporto-card-mccarrick_20201110_en.pdf.

Desafortunadamente, el reporte no ofrece una solución de raíz al problema de los abusos, pues mucho se ha dicho de que McCarrick y lo sucedido en Pensilvania no son más que la punta del *iceberg*. Otros aseguran que todo esto ha sido manejado sesgadamente, exagerando los hechos y desinformando al público con la intención de atacar a la Iglesia. Algunos afirman que el enemigo está en el interior de la institución, y otros, que está en el exterior. Algunos creemos que está en ambos lados.

Hay quienes aseguran que esto es una señal más de que el celibato es contra natura y que por lo tanto favorece que los sacerdotes se vuelvan predadores sexuales. Otros afirman que debido a la relajación, la Iglesia ha experimentado en sus normas y en su doctrina moral desde el Concilio Vaticano II una señal de la corrupción moral que se vive en su interior. Algunos han aprovechado el momento para ir más allá de eso y buscar la destrucción de la Iglesia, para verla desaparecer.

En medio de toda esta crisis valdría la pena buscar la objetividad y el origen de este mal que azota a la Iglesia. Lo mejor es acudir al informe del John Jay College of Criminal Justice, intitulado *The Nature and Scope of the Problem of Sexual Abuse of Minors by Catholic Priests and Deacons in the United States* (*La naturaleza y el alcance del problema del abuso sexual de menores por parte de sacerdotes y diáconos católicos en los Estados Unidos*).[1] En el reporte se especifica el perfil de las víctimas: 81 % eran hombres, el 22 % eran menores de 10 años, el 51 % tenían entre 11 y 14 años y el 27 % tenían entre 15 y 17 años. Si bien

---

[1] https://tile.loc.gov/storage-services/master/gdc/gdcebookspublic/20/19/66/72/66/2019667266/2019667266.pdf

Día 17: El verano de la vergüenza

este reporte se hizo en el 2004, es poco probable que el perfil de las víctimas haya cambiado en un tiempo tan breve. Resulta importante observar que el 81% de los abusos fueron homosexuales y que en el 78 % de los casos las víctimas no eran niños, sino chicos entrados en la pubertad y pasados de la pubertad, lo que se conoce como hebefilia (interés físico y sexual por pubescentes) y efebofilia (interés físico y sexual por adolescentes).

Estos datos son significativos porque reflejan elementos psicológicos del perpetrador, quien suele sentirse atraído e interesado por chicos en la pubertad y la adolescencia, así como presentar conductas homosexuales hacia ellos. Los medios han callado sobre esto; incluso las autoridades de la Iglesia no lo dicen abiertamente, a pesar de que el informe *John Jay* (como se le conoce comúnmente) le pertenece y se puede descargar gratuitamente desde el internet. La tiranía de lo políticamente correcto hace que no se diga lo que la investigación ha mostrado, por lo que la solución al problema de los abusos se retrasa o se impide.

Es necesario resaltar que no porque los predadores sexuales dentro de la Iglesia tengan una orientación homosexual significa que todos los homosexuales son predadores en potencia. No es así. Ni la investigación ni la experiencia clínica con personas homosexuales muestran que haya una correlación directa entre homosexuales y predadores sexuales. Pero lo que sí revelan es una posible correlación entre el abuso sexual y las personas con orientación homosexual que acuden al sacerdocio.

La vida del sacerdote no es fácil; representa un gran sacrificio que pocos están dispuestos a hacer y, sobre todo, que pocos son capaces de lograr. Pero es aún más difícil si existen tendencias sexuales que la Iglesia considera desordenadas. La vida sacerdotal es una vida de

Día 17: El verano de la vergüenza

sacrificio afectivo y sexual, lo cual no es fácil ni de lograr ni de controlar. Cuánto más difícil si se encuentra en una situación de privación sensual y teniendo que fungir como un guía de muchos. Es difícil tanto para el sacerdote con orientación heterosexual como para aquel con orientación homosexual; sin embargo, para este último representa un reto mayor por la naturaleza propia de la función sacerdotal.

El sacerdote está llamado a ser un padre espiritual para sus fieles; debido a ello, y por ser hombre, tendrá que estar cerca de muchos jóvenes que buscarán una intimidad natural y de identificación con el mismo sexo. Los jóvenes lo verán como un modelo. El camino para lo que se conoce en psicología como transferencia y contratransferencia estará al alcance. Si el sacerdote tiene atracción hacia el mismo sexo y no la ha dominado, podrá confundir la necesidad de admiración e identificación que el joven le muestra con provocaciones o incitaciones sexuales que lo pueden llevar a conducirse erróneamente. El sacerdote con orientación homosexual se pone en riesgo a sí mismo de desvirtuar su función paternal y atentar contra el sexto mandamiento. Pero, sobre todo, en caso de actuar conforme a sus pasiones, pone en riesgo la integridad psicológica y espiritual de quienes acuden a él, aquellos a quienes debería cuidar.

El reporte *John Jay* lo muestra así, al igual que también me lo han hecho ver seminaristas y sacerdotes que me han buscado profesionalmente para trabajar su situación sexual. El sacerdote con atracción hacia el mismo sexo está en mayor riesgo y fragilidad de actuar inapropiadamente. No todos lo harán, pero la correlación entre sacerdotes homosexuales y conductas inapropiadas ha quedado expuesta en el mencionado estudio. Mientras no contemos con más investigaciones que corroboren o

Día 17: El verano de la vergüenza

nieguen dicha correlación, convendría ser cautos y proteger tanto a los niños como a las personas con atracción al mismo sexo que buscan el sacerdocio.

Por ello, la Iglesia se ha vuelto a pronunciar por la no aceptación de personas homosexuales al sacerdocio. No por un acto de discriminación, sino por un acto de amor hacia ellos y hacia los laicos, pues la Iglesia busca protegerlos de no incurrir en conductas que dañen a ambas partes de manera permanente. Los cristianos estamos llamados a respetar y tratar con amor a todas las personas, independientemente de su orientación sexual o cualquier otro distintivo, y es por ese amor que también estamos llamados a orientarlos sobre cuál podría ser el mejor camino o vocación en su vida. Courage International ofrece en su página de internet, www.couragerc.org, invaluables recursos para aquellos católicos que experimentan atracción al mismo sexo y quieren aprender cómo pueden llevar una vida plena y apegada a Dios.

Pero lo más importante del verano de la vergüenza no es la posición de la Iglesia sobre la sexualidad o la correlación entre sacerdotes homosexuales y víctimas de abuso sexual. Lo más importante es que en ese verano se destapó una cloaca de abusos, encubrimientos, corrupción y pernicioso uso del poder por parte de personas que estaban llamadas a cuidar del rebaño y no a dañarlo. Las acciones de sacerdotes, diáconos y obispos dañaron profundamente a las víctimas de los abusos sexuales, ya sea por perpetrar dichos actos como por cubrirlos o permitirlos. Como sea, ellos traicionaron su investidura y afectaron a sus víctimas de una manera inmensurable. Pero, además, dañaron a toda la Iglesia, pues las víctimas colaterales de lo destapado por el gran jurado de Pensilvania son incontables. ¿Cuántas personas dejaron la Iglesia por esos escándalos? ¿Cuántas personas están en peligro de

Día 17: El verano de la vergüenza

vivir y morir sin los sacramentos? ¿Cuántas personas ahora no conocerán a Dios en sus vidas? ¿Cuántas personas han dejado la Iglesia fundada por Jesucristo para unirse a otros grupos religiosos? ¿Cuánto daño causaron McCarrick y todos los que han atentado contra los fieles que les fueron dados para cuidar? ¿Qué será de ellos por tanto daño causado a sus víctimas y a la Iglesia? Jesús les advirtió y nos advierte a todos en el capítulo 17 de Lucas:

> Dijo a sus discípulos: "Es imposible que no vengan escándalos; pero ¡ay de aquel por quien vienen! Más le vale que le pongan al cuello una piedra de molino y sea arrojado al mar, que escandalizar a uno de estos pequeños". (Lc 17,1-2)

El escándalo es innegable; solo un ciego no lo vería. Sin embargo, es importante mantener la prudencia y no saltar a las conclusiones. Quienes han acusado al papa o quienes han acusado al arzobispo Viganò o quienes han llegado a sus propias conclusiones deberían recordar que no cuentan con todas las piezas del rompecabezas, que los medios nos han dado información seleccionada y sesgada y, sobre todo, que no podemos juzgar lo que hay en el corazón de los demás, y mucho menos el plan de Dios. Pues a pesar de lo dolorosa que ha sido esta crisis, de la indignación y de la vergüenza que hemos sentido y de la necesidad de justicia que tenemos, no olvidemos que todo esto sucede por un plan mayor que aún no podemos comprender y que quizá nunca comprenderemos.

Pidamos, pues, por las víctimas y los victimarios de estos crímenes, y pidamos especialmente por el papa, los cardenales y obispos, por los sacerdotes y diáconos y por todos los laicos para que sepamos conducirnos de acuerdo

Día 17: El verano de la vergüenza

con Dios en estos momentos de dificultad. Les dejo la siguiente oración:

Dios glorioso: Padre, Hijo y Espíritu Santo, oramos por nuestro Obispo, N.

Que él y todos los obispos, en unión con el Santo Padre, permanezcan firmes en la defensa de la Iglesia Católica de los errores morales de nuestros días. Ayúdalos a hablar con denuedo contra todos los que han intentado corromper a la Iglesia y contra aquellos que han propagado el contagio del mundo entre su rebaño.

Dales fuerza para oponerse, con gran vigor, a los terribles abusos que han herido y escandalizado a los fieles. Que nuestros pastores apostólicos proclamen, con una voz unificada y profética, la verdad sobre la dignidad de cada vida humana, la santidad del matrimonio sacramental, la bendición o el amor conyugal vivificante y todos los temas que la Iglesia ha defendido a lo largo de los siglos.

Fortalécelos para predicar con feroz convicción contra todas las formas de abuso, corrupción y perversión. Que guíen a su Iglesia a la curación y la reforma a través de la transparencia y la fidelidad. Con inquebrantable coraje, que imiten a Cristo y den su vida por sus ovejas. Mantenlos fieles hasta el fin, como tantos santos y mártires de la Iglesia, que han guiado al pueblo de Dios con un báculo en la mano.

¡Oh, María, Virgen Madre de nuestro Señor Jesucristo, mantén a todos los obispos cerca de tu Inmaculado Corazón! Amén.

Pedro de la Cruz

DÍA 18: COMO UN NIÑO

Lucas 18,9-43

Dijo también a algunos que se tenían por justos y despreciaban a los demás, esta parábola: «Dos hombres subieron al templo a orar; uno fariseo, otro publicano. El fariseo, de pie, oraba en su interior de esta manera: "¡Oh, Dios! Te doy gracias porque no soy como los demás hombres, rapaces, injustos, adúlteros, ni tampoco como este publicano. Ayuno dos veces por semana, doy el diezmo de todas mis ganancias." En cambio, el publicano, manteniéndose a distancia, no se atrevía ni a alzar los ojos al cielo, sino que se golpeaba el pecho, diciendo: "¡Oh, Dios! ¡Ten compasión de mí, que soy pecador!" Os digo que éste bajó a su casa justificado y aquél no. Porque todo el que se ensalce, será humillado; y el que se humille, será ensalzado.» Le presentaban también los niños pequeños para que los tocara, y al verlo los discípulos, les reñían. Mas Jesús llamó a los niños, diciendo: «Dejad que los niños vengan a mí y no se lo impidáis; porque de los que son como éstos es el Reino de Dios. Yo os aseguro: el que no reciba el Reino de Dios como niño, no entrará en él.» Uno de los principales le preguntó: «Maestro bueno, ¿qué he de hacer para tener en herencia vida eterna?» Le dijo Jesús: «¿Por qué me llamas bueno? Nadie es bueno sino sólo Dios. Ya sabes los mandamientos: no cometas adulterio, no mates, no robes, no levantes falso testimonio, honra a tu padre y a tu madre.» Él dijo: «Todo eso lo he guardado desde mi juventud.» Oyendo esto Jesús, le dijo: «Aún te falta una cosa. Todo cuanto tienes véndelo y repártelo entre los pobres, y tendrás un tesoro en los cielos; luego, ven y sígueme.» Al oír esto, se puso muy triste, porque era muy rico. Viéndole Jesús, dijo: «¡Qué difícil es que los que tienen riquezas entren en el Reino de Dios! Es más fácil que un camello entre por el ojo de una aguja, que el que un rico entre en el Reino de Dios.» Los que lo oyeron, dijeron: «¿Y quién se podrá salvar?» Respondió: «Lo imposible para los hombres, es posible para Dios.» Dijo entonces Pedro: «Ya lo ves, nosotros hemos dejado nuestras cosas y te hemos seguido.» Él les dijo: «Yo os aseguro que nadie que haya dejado casa, mujer, hermanos, padres o hijos por el Reino de Dios, quedará sin recibir mucho más al presente y, en el mundo venidero, vida eterna.» Tomando consigo a los Doce, les dijo: «Mirad que subimos a Jerusalén, y se cumplirá todo lo que los profetas escribieron para el Hijo del hombre; pues será entregado a los gentiles, y será objeto de burlas, insultado y escupido; y después de azotarle le matarán, y al tercer día resucitará.» Ellos nada de esto comprendieron; estas palabras les quedaban ocultas y no entendían lo que decía. Sucedió que, al acercarse Él a Jericó, estaba un ciego sentado junto al camino pidiendo limosna; al oír que pasaba gente, preguntó qué era aquello. Le informaron que pasaba Jesús el Nazareno y empezó a gritar, diciendo: «¡Jesús, Hijo de David, ten compasión de mí!» Los que iban delante le increpaban para que se callara, pero él gritaba mucho más: «¡Hijo de David, ten compasión de mí!» Jesús se detuvo, y mandó que se lo trajeran y, cuando se hubo acercado, le preguntó: «¿Qué quieres que te haga?» Él dijo: «¡Señor, que vea!» Jesús le dijo: «Ve. Tu fe te ha salvado.» Y al instante recobró la vista, y le seguía glorificando a Dios. Y todo el pueblo, al verlo, alabó a Dios.

Día 18: Como un niño

Recientemente, mi hijo de diez años llegó a casa con una revista que le habían entregado en la escuela pública. La dinámica consistía en que todas las semanas les entregarían a él y a sus compañeros un nuevo ejemplar, lo leerían en el salón y después discutirían su contenido. El título de la revista es *Times for Kids*, y la dinámica parecía interesante e inofensiva, sobre todo porque tocaba temas que sin duda es necesario abordar con los chicos, como el *bullying* o acoso y maltrato escolar, la inclusión de personas con capacidades diferentes y otros temas de gran importancia. Sin embargo, nos dimos cuenta de que no todo era miel sobre hojuelas con dicha revista o, al menos, no todos los temas son propios para niños de diez años.

Entre las páginas de la revista, también se encontraban artículos sobre transexualidad y muñecos neutros con la supuesta intención de que los niños que no se identifican con su sexo se sientan integrados y aceptados cuando se visten y actúan como personas del sexo opuesto. También encontramos una sección de recomendaciones de libros, entre los cuales había obras diseñadas para promover la actividad sexual y la homosexualidad. En este mismo año escolar (quinto de primaria), la escuela dará clases de educación sexual y, para el próximo, integrarán en todas las materias la historia y la vida de personas emblemáticas que se identifican como lesbianas, gais, bisexuales, transexuales, o LGBT, como comúnmente se autodenominan por sus siglas.

Además de estos temas, mi hijo empezó a compartirnos que en la clase de Ciencias Sociales le enseñaban que Cristóbal Colón había sido un hombre malo, porque le aseguraron que por su culpa habían muerto las personas nativas de América y que no había respetado su cultura y costumbres. También empezó a hablar de los sistemas de opresión y otros temas en la misma dirección. Como pueden comprender, el adoctrinamiento postmoderno, con su discurso de justicia social y de *identity politics*, o lo que se llama marxismo cultural, empezó a tener lugar en la escuela de mi hijo. Pareciera que cada vez inicia a edades más tempranas.

Mi esposa y yo decidimos que era momento de pensar sobre la permanencia o no de los niños en la escuela pública. Nuestra decisión final fue darlos de baja e incorporarlos a una escuela católica. La razón no es porque nos opongamos a la educación sexual; por el contrario, a lo largo de mi carrera he diseñado e implementado programas de educación sexual para distintas instituciones educativas. Tampoco decidimos cambiarlos de escuela porque no queramos que nuestros hijos se expongan a las dificultades e injusticias que las personas experimentan. En realidad, tenemos como costumbre que nuestros hijos pasen tiempo con personas desfavorecidas y busquen mitigar el sufrimiento que estas viven. La verdadera razón que nos motivó a dejar la escuela pública es porque consideramos que esos temas son fáciles de manipular ideológicamente y ser presentados desde una perspectiva distinta o, incluso, contraria a la que se tiene en casa y que buscamos transmitir a nuestros hijos. Además, es necesario tener en cuenta que al abordar estos temas hay niveles de explicación que han de estar acordes no solo a la edad, sino al nivel de exposición y maduración que cada persona tiene. Nada de esto es lo que percibimos en el sistema educativo público.

Mi hijo sigue jugando a los soldados, aún duerme con peluches y pide de Navidad la espada de Peter, el personaje de *Las crónicas de Narnia*. Mi hijo sigue siendo un niño; no está pensando en cirugías de reasignación sexual ni en analizar los eventos históricos de manera sesgada.

Día 18: Como un niño

Él quiere ser niño, jugar como niño y ser un niño. Cuidar de su inocencia es parte de nuestra responsabilidad como sus papás.

Eso no quiere decir que estemos buscando retrasar su madurez; por el contrario, él y yo ya hemos hablado de los cambios físicos, psicológicos y sociales que experimentará con la llegada de la pubertad. Hemos hablado de temas de sexualidad y también de injusticia social, y, como lo mencioné, él está involucrado activamente en buscar un impacto positivo en la vida de los más desafortunados. Su madre y yo pretendemos encausar su madurez de manera positiva, constructiva, objetiva y apegada a nuestros valores y principios cristianos. Cuando Dios nos pida cuentas de nuestros hijos, no esperará que le digamos cuánto conocimiento adquirieron, a qué escuela acudieron o qué tan exitosos fueron; lo único que espera es que hayamos inculcado en ellos el amor a Él, al prójimo y a llevar una vida de santidad. Lo demás es lo de menos.

Los cambios ideológicos que estamos viviendo en nuestra sociedad impactan no solo a los niños; en realidad nos impactan a todos. Los humanos estamos perdiendo inocencia; incluso hay quienes la consideran como señal de poca inteligencia o de poca experiencia en la vida. Pareciera que nos estamos olvidando de ver la inocencia como una cualidad para entenderla como algo no deseable. Aunado a eso, la constante exposición en los medios sobre temas sexuales, violencia e ideologías políticas tanto de izquierda como de derecha hace que dejemos atrás nuestros días de inocencia infantil y demos paso a una creciente sobreestimulación de contenidos e imágenes que impactan la forma en que vivimos.

Los adultos hemos aprendido a desconfiar de los demás, a cuidar de nuestros intereses y a ver por nosotros de manera aislada o egoísta. Tanto las dificultades de la

Día 18: Como un niño

vida como la exposición a contenidos que deshumanizan la sexualidad y la convivencia diaria nos llevan a conducirnos en la vida alejados de nuestra inocencia original.

No solo eso, sino que con el paso del tiempo desarrollamos la ilusión de la autosuficiencia, especialmente en la cultura tecnológica de occidente, donde valoramos el desarrollo del individuo, su supuesta superación, y nos olvidamos del valor de la comunidad y la necesidad de interdependencia. En una cultura individualista, donde el máximo valor es el yo o el ego, la comunidad pasa a un segundo plano, y Dios, a un tercero. Donde todo lo puede el individuo, donde todo lo tiene que resolver él y donde el valor depende de lo que este logre o no, Dios no tiene su lugar primordial ni en la vida personal ni en la comunitaria. Dios ha dejado de ser necesario, pues el ingenio y la capacidad del hombre tecnológico han usurpado su lugar.

Por eso, Jesús, en el capítulo 18, utilizando la parábola del fariseo y el recolector de impuestos (Lc, 18,9-14), nos habla de la humildad que las personas necesitamos para experimentar el reino de Dios. También nos habla del necesario desapego de los bienes materiales y de estar dispuestos a dejarlo todo para seguirlo, como sucede en la historia del hombre rico y triste (Lc 18,18-25). Incluso nos habla de la necesidad de la fe para pedirle, y hasta gritarle, que nos devuelva la vista y que seamos capaces de ver las cosas como Él las ve, como lo hizo con el ciego que le suplicaba (Lc 18,35-43). Pero, sobre todo, Jesús nos dice que "el que no reciba el reino de Dios como un niño no entrará en él" (Lc 18,17).

Por eso, en medio de los precipitados cambios sociales, políticos e ideológicos que vivimos y en la exposición constante a contenido y experiencias que afectan nuestra inocencia y capacidad de saber que somos amados por

Dios y que tenemos una relación íntima con Él, hemos de cuidar el ser como niños, abiertos a la vida, llenos de ilusión, viviendo en inocencia, y, sobre todo, acudiendo a nuestro Padre sabiendo que somos sus hijos pequeños, reconociendo que "lo que es imposible a los hombres, es posible para Dios" (Lc 18,37).

DÍA 19: LAS DIEZ MINAS

Lucas 19,11-27

Estando la gente escuchando estas cosas, añadió una parábola, pues estaba Él cerca de Jerusalén, y creían ellos que el Reino de Dios aparecería de un momento a otro. Dijo pues: «Un hombre noble marchó a un país lejano, para recibir la investidura real y volverse. Habiendo llamado a diez siervos suyos, les dio diez minas y les dijo: "Negociad hasta que vuelva." Pero sus ciudadanos le odiaban y enviaron detrás de él una embajada que dijese: "No queremos que ése reine sobre nosotros." Y sucedió que, cuando regresó, después de recibir la investidura real, mandó llamar a aquellos siervos suyos, a los que había dado el dinero, para saber lo que había ganado cada uno. Se presentó el primero y dijo: "Señor, tu mina ha producido diez minas." Le respondió: "¡Muy bien, siervo bueno!; ya que has sido fiel en lo mínimo, toma el gobierno de diez ciudades." Vino el segundo y dijo: "Tu mina, Señor, ha producido cinco minas." Dijo a éste: "Ponte tú también al mando de cinco ciudades." «Vino el otro y dijo: "Señor, aquí tienes tu mina, que he tenido guardada en un lienzo; pues tenía miedo de ti, que eres un hombre severo; que tomas lo que no pusiste y cosechas lo que no sembraste." Dícele: "Por tu propia boca te juzgo, siervo malo; sabías que yo soy un hombre severo, que tomo lo que no puse y cosecho lo que no sembré; pues ¿por qué no colocaste mi dinero en el banco? Y así, al volver yo, lo habría cobrado con los intereses." Y dijo a los presentes: "Quitadle la mina y dádsela al que tiene las diez minas." Dijéronle: "Señor, tiene ya diez minas." "Os digo que a todo el que tiene, se le dará; pero al que no tiene, aun lo que tiene se le quitará. Pero a aquellos enemigos míos, los que no quisieron que yo reinara sobre ellos, traedlos aquí y matadlos delante de mí."»

Día 19: Las diez minas

Es interesante ver que la parábola de las diez minas tenga un componente que algunos llaman capitalista. Sobre todo, porque nuevamente los políticos socialistas de izquierda y los teólogos de la liberación nos presentan a un Jesús *hippie*/comunista, que se opondría por completo a la generación de riqueza, al libre mercado y al sistema capitalista de los últimos años.

Dicha posición encierra un componente perverso, o por lo menos ignorante, por parte de los políticos y teólogos de la liberación. Sin duda Jesús siempre estuvo del lado de los desafortunados, pero jamás estaría del lado de los socialistas y de los comunistas, como ahora se busca manipular su imagen ante la gente.

El socialismo y el comunismo eran vistos por Karl Marx como dos etapas distintas en la construcción de su sociedad utópica. El primero, una visión donde el Estado asume gran parte de las instituciones sociales, pero comparte los medios de producción con los empresarios e industriales. En el segundo, el Estado asume la totalidad de la producción y de las instituciones, a la vez que abole la propiedad privada. El socialismo, desde la visión marxista, es un paso transitorio o intermedio en la conquista comunista.

El socialismo y el comunismo tienen dos elementos en su contra. El primero es la negación de Dios y la confrontación a Él, junto con la usurpación de su lugar rector en la vida de los individuos y en la vida social. El segundo es su histórico fracaso para sacar a las personas de la pobreza, a la vez que el sádico y maligno trato al individuo y a la humanidad en general.

El ganador del nobel de literatura Aleksander Solzhenitsyn fue un comprometido comandante del Ejército socialista en la Unión Soviética doblemente condecorado como héroe por su participación en la Segunda Guerra

Día 19: Las diez minas

Mundial. Sin embargo, más adelante se convertiría en el más importante crítico del socialismo y del comunismo. Es probable que él sea responsable en gran medida de la caída del imperio soviético, ya que su obra magna *El archipiélago Gulag* abrió los ojos de occidente y destapó la cloaca que representan el socialismo y el comunismo. Él mismo tendría que vivir los horrores de la nación socialista cuando fue enviado como preso al Gulag. La descripción gráfica y detallada de las atrocidades cometidas ahí es difícil de digerir, casi imposible de creer. ¿Cómo es posible que seres humanos trataran a otros seres humanos de la manera más despiadada posible y después volver tranquilos a su vida diaria? ¿Cómo es posible que en nombre del Estado y del socialismo los jóvenes estuvieran dispuestos a torturar, humillar, violar y asesinar a sus propios familiares? ¿Cómo es posible que cien millones de personas hayan sido asesinadas en nombre del socialismo y el comunismo en los países que han asumido dicha ideología política? Pero, además, este cáncer no solo ha traído la más grande de todas las matanzas humanas; también es el responsable de la generación y repartición de la pobreza en los lugares en que se ha implementado. La miseria y la hambruna azotan a los ciudadanos mientras sus líderes se hacen millonarios. Desde Fidel Castro, con una fortuna calculada en 900 millones de dólares, hasta la familia Chávez en Venezuela, la más rica de dicho país, pasando por el vergonzoso lujo con el que vive Kim Jong-un o la corrupción que han dejado tras de sí los políticos socialistas en Nicaragua, Bolivia, Brasil y, por supuesto, en los países asiáticos y europeos socialistas de los siglos XX y XXI.

En corto, no ha habido ninguna otra ideología en la historia de la humanidad que sea responsable del asesinato y la pobreza de tantas personas. El socialismo y el

Día 19: Las diez minas

comunismo son dos niveles de decadencia social promovidos por una misma ideología. Sus alcances son resultado de una añeja tentación humana de suplantar a Dios con el hombre y, sobre todo, de suplantarlo con el Estado. Por eso vale la pena recordar algunas de las advertencias hechas por Solzhenitsyn sobre este mal, que pareciera tomar nuevos bríos en el siglo XXI con la llegada de políticos populistas tanto en Latinoamérica como en Estados Unidos y Europa. Les comparto algunas de sus frases:

1. "El poder ilimitado en manos de personas limitadas siempre conduce a la crueldad".
2. "En diferentes lugares a lo largo de los años tuve que demostrar que el socialismo, que para muchos pensadores occidentales es una especie de reino de justicia, estaba de hecho lleno de coerción, de codicia burocrática, corrupción y avaricia...".
3. "El socialismo de cualquier tipo y sombra conduce a una destrucción total del espíritu humano y al arrasamiento de la humanidad en la muerte".
4. "Si me pidieran hoy que formulara de la manera más concisa posible la causa principal de la revolución ruinosa que se tragó a unos sesenta millones de nuestro pueblo, no podría decirlo con más precisión que repetir: 'Los hombres han olvidado a Dios; por eso ha sucedido todo esto'".
5. "Dentro del sistema filosófico de Marx y Lenin, y en el corazón de su psicología, el odio a Dios es la principal fuerza impulsora, más fundamental que todas sus pretensiones políticas y económicas".

Día 19: Las diez minas

El principal error de la ideología marxista, que está detrás del socialismo y del comunismo, es la negación de Dios, el odio hacia Él y la suplantación del Creador, pues sin Dios el hombre es despojado de su naturaleza espiritual y limitado a su naturaleza animal. El bien y el mal se vuelven relativos y al servicio del mejor postor. Las puertas de la crueldad y la deshumanización quedan abiertas de par en par.

Por eso, y como lo señaló el profesor Jay W. Richards de la Catholic University of America, ser católico y ser socialista es un oxímoron. Pero, aún más, ser socialista es ir en contra de las enseñanzas de la Iglesia y estar en oposición a una larga lista de papas[1] que lo han confrontado, como León XIII, quien lo describió como "la cosecha de la miseria" en su encíclica *Graves de Communi Re*; o Pío IX, quien advirtió en su encíclica *Nostis et nobiscum* que el socialismo y el comunismo son perversas teorías y aseguraba que es imposible ser un buen católico y un buen socialista; o san Pío X, Benedicto XV, Pío XII, Juan XXIII, Paulo VI, Benedicto XVI y, por supuesto, san Juan Pablo II, quien con valentía y perseverancia se opuso al socialismo de su época, desde la Unión Soviética hasta a aquellos que buscaban integrarlo a la enseñanza cristiana en Latinoamérica, como fue el caso del ahora fallecido sacerdote Ernesto Cardenal, quien fue reprendido públicamente por san Juan Pablo II por su apoyo al Frente Sandinista de Liberación Nacional en Nicaragua y por aceptar ser nombrado ministro de Cultura de dicho Gobierno socialista.

---

[1] Para conocer una síntesis de la posición de los papas mencionados sobre el socialismo se puede visitar el siguiente enlace:
https://www.tfp.org/what-the-popes-have-to-say-about-socialism/
o visitar el sitio web del Vaticano, donde se puede acceder a las encíclicas de cada uno de ellos:
http://w2.vatican.va/content/vatican/it.html

Día 19: Las diez minas

Recientemente, el apologista Trent Horn y la profesora Catherin R. Pakaluk publicaron el libro intitulado *Can a catholic be a socialist?: the answer is no – Here's why* (*¿Puede un católico ser socialista?: la respuesta es no y aquí está el porqué*), que recomiendo a todo aquel que quiera conocer más sobre la imposibilidad de ser socialista y católico a la vez, así como los perniciosos efectos que dicha doctrina económica y política ha traído invariablemente donde se ha implementado.

Sería un error decir que la solución al mal del socialismo es el capitalismo. Sin duda, hasta el día de hoy, es el sistema que ha mostrado haber sacado a más personas de la pobreza y haber mejorado la calidad de vida de una forma impensable para una o dos generaciones anteriores. Gracias a los países capitalistas, en los últimos años se han logrado los avances científicos y tecnológicos que nos permiten gozar de la expectativa de vida más larga de la historia, las comodidades y seguridades que ninguna otra generación experimentó y el nivel de riqueza y educación más alto que la humanidad haya logrado. Pero el capitalismo no es perfecto; también trae sus propios peligros, pues a pesar de la abundancia que ha creado, nunca antes tuvimos tantas personas con trastornos mentales y carentes de sentido en la vida ni tantas familias divididas. En la búsqueda de riqueza se ha explotado a seres humanos y se ha atentado contra la naturaleza, la obra de Dios. El socialismo suplantó a Dios con el Estado y el capitalismo lo hizo con el dinero y la tecnología. Ambos sistemas atentan contra la verdadera naturaleza espiritual del hombre, la más íntima e importante de todas, y, por lo tanto, ambos sistemas representan fallidas alternativas para su pleno desarrollo.

La solución para esta disyuntiva no es otro modelo político, sino el cristianismo, la imitación de Cristo. El

Día 19: Las diez minas

Evangelio representa la única alternativa posible para el desarrollo del individuo y de la sociedad. No ofrece respuestas técnicas para hacer frente a la economía de mercado, tampoco presenta orientación científica de cómo alargar la expectativa de vida o cómo encontrar la solución a las enfermedades; mucho menos propone una guía para el desarrollo tecnológico de la sociedad. En cambio, lo que sí ofrece es una guía de cómo desarrollar al ser humano de manera plena, pues nos enseña que la clave está en el amor a Dios y al prójimo. Por ello, es responsabilidad de todo cristiano transmitir el mensaje y acrecentar el reino de Dios en la Tierra para que, independientemente del sistema político en el que se encuentre, logre hacer una diferencia, la diferencia de traer a Dios a los hombres. Por eso Jesús nos ofrece la parábola de las diez minas en el capítulo 19 para advertirnos que Él recompensará a quienes trabajen por su reino, castigará a quienes no lo hagan e irá en contra de sus enemigos.

Seamos, pues, de aquellos que multiplican lo que Él nos ha dado tanto en lo material como en lo intelectual y lo espiritual. Hagámoslo no para gloria de nosotros, sino para la de Dios y para servicio de los demás. Así, cuando tengamos que darle cuentas, podrá decirnos: "¡Muy bien, siervo bueno!", como lo hace en la parábola de las diez minas.

DÍA 20: LA RESURRECCIÓN

Lucas 20,27-39

Acercándose algunos de los saduceos, esos que sostienen que no hay resurrección, le preguntaron: «Maestro, Moisés nos dejó escrito que si muere el hermano de alguno, que estaba casado y no tenía hijos, que su hermano tome a la mujer para dar descendencia a su hermano. Eran siete hermanos; habiendo tomado mujer el primero, murió sin hijos; y la tomó el segundo, luego el tercero; del mismo modo los siete murieron también sin dejar hijos. Finalmente, también murió la mujer. Esta, pues, ¿de cuál de ellos será mujer en la resurrección? Porque los siete la tuvieron por mujer.» Jesús les dijo: «Los hijos de este mundo toman mujer o marido; pero los que alcancen a ser dignos de tener parte en aquel mundo y en la resurrección de entre los muertos, ni ellos tomarán mujer ni ellas marido, ni pueden ya morir, porque son como ángeles, y son hijos de Dios, siendo hijos de la resurrección. Y que los muertos resucitan lo ha indicado también Moisés en lo de la zarza, cuando llama al Señor el Dios de Abraham, el Dios de Isaac y el Dios de Jacob. No es un Dios de muertos, sino de vivos, porque para Él todos viven.» Algunos de los escribas le dijeron: «Maestro, has hablado bien.» Pues ya no se atrevían a preguntarle nada.

Día 20: La resurrección

Nuestras estructuras cognitivas o de pensamiento se almacenan en esquemas cognitivos que son resultado de las experiencias e información que hemos asimilado u organizado para comprender la realidad. Una vez elaborados dichos esquemas, buscaremos el equilibrio entre su contenido y la entrada de nueva información. Tenemos dos opciones: o asimilamos la experiencia al esquema o acomodamos el esquema. Es decir, o mantenemos nuestra estructura de pensamiento e interpretamos la nueva información bajo sus términos o modificamos la estructura o esquema por la incompatibilidad entre lo que se creía frente a lo que ahora se experimenta o se entiende. La vieja forma de comprender las cosas se adapta para lograr una nueva comprensión.

Jean Piaget explicaba este proceso de equilibro y desequilibrio por el cual los niños transitan para entrar a estados de desarrollo cognitivo más avanzados y complejos; pero esto no solo pasa con los niños, sino también con los adultos. El aprendizaje es fruto del desequilibrio cognitivo, pues cuando las experiencias o la información nueva son incompatibles con lo que anteriormente comprendíamos, experimentamos conflicto. Si aplicamos la asimilación, forzando las discrepancias con lo que previamente sabíamos, no hay aprendizaje. Pero si aplicamos la acomodación modificando nuestros esquemas y nuestro entendimiento, explorando nuevas explicaciones y adquiriendo una comprensión mayor, entonces se logra el aprendizaje.

En términos del aprendizaje espiritual sucede algo semejante, y Jesús nos lo muestra en el capítulo 20 de Lucas a través de su respuesta a los sacerdotes y maestros de la ley que cuestionaban su autoridad (Lc 20,1-8). También lo hace con la parábola de los viñadores y la forma

Día 20: La resurrección

como resuelve el conflicto de la moneda del César: "Mostradme un denario. ¿De quién lleva la imagen y la inscripción?". Ellos dijeron: "Del César". Él les dijo: "Pues bien, lo del César devolvédselo al César, y lo de Dios a Dios" (Lc 20,24-25).

En todos estos casos, Jesús provocó conflicto cognitivo y provocó en sus interlocutores una acomodación de sus esquemas; los ayudó a entender mejor, y ellos "no pudieron cazarlo en ninguna de sus palabras en presencia del pueblo y, maravillados de su respuesta, se callaron".

Además, hay otro elemento en el capítulo 20 de Lucas que hasta la fecha sigue generando conflicto cognitivo en los seres humanos. Nos cuesta trabajo creerlo porque va en contra de todo lo que sabemos, en contra de cómo hemos organizado las experiencias y el conocimiento desde nuestra infancia y de cómo hemos formado nuestros esquemas de pensamiento. Me refiero al tema de la resurrección que se mencionó al inicio de este capítulo.

¿Cómo es posible que los muertos puedan resurgir? ¿Acaso la idea de la resurrección de los muertos no es tan solo un cuento de hadas? ¿Cuál es la lógica detrás de una creencia de semejante naturaleza? No hay evidencia de que la resurrección sea posible; toda la información y experiencia que tenemos es que cuando uno muere, uno ha llegado a su final, y no hay más. Todos los humanos nacemos, crecemos, enfermamos y morimos, pero no resucitamos, o ¿acaso alguien ha visto a un resucitado? ¿Existe evidencia de que alguien alguna vez lo haya hecho? La respuesta es sí, sí la hay. Jesús lo hizo.

Sin duda este es un tema fundamental en la cuestión de la fe. Ya lo decía san Pablo en su Carta a los Corintios: "Y si Cristo no ha resucitado, vana es nuestra predicación y vana nuestra fe". La resurrección está en el centro de nuestra fe. Jesús ha destruido a la muerte; es la promesa

Día 20: La resurrección

de que nosotros también seremos parte de esa victoria y podremos decir: "¿Dónde está, muerte, tu victoria? ¿Dónde, muerte, tu aguijón venenoso?".

Pero ¿cómo podemos resolver el conflicto cognitivo que representa la idea de la resurrección? ¿Cómo podemos realmente creer que la resurrección es posible y no solo un mito o una fantasía? El doctor John Lennox, profesor emérito de Matemáticas y de Filosofía de la Ciencia en Oxford, explica que ante la vida, muerte y resurrección de Jesús, hay distintos niveles de evidencia que se tienen que tomar en cuenta. No toda evidencia puede ser científica, pues el principio de replicabilidad, esencial para la demostración científica, no puede operar en un evento sucedido hace más de dos mil años, ni siquiera en el de hace un día. Si alguien te pregunta: "¿Dónde estuviste el día de ayer?" y tú contestas: "En la biblioteca", a lo que él te dice: "No te creo; demuéstralo", ¿qué harías, un experimento? ¿Replicarías el evento? ¿De qué te serviría volver a la biblioteca un día después para comprobar que estuviste ahí el día previo? Alguien podría decir: "Muéstrame una evidencia o un documento o un testigo o el efecto que indique que estuviste ahí", ¿cierto? Pues eso mismo sucede con la resurrección de Jesús. Existe evidencia que confirma el hecho de su muerte y de su resurrección; está en forma de documentos. No me refiero solo a los documentos cristianos, sino a documentos de filósofos, como el de Mara bar Serapión, o judíos, como los que aparecen en el Talmud, y romanos, como el del historiador y senador Cornelio Tácito o el de Flavio Josefo. Además están los testigos que aseguraron haberlo visto resurgir y que estuvieron dispuestos a ser perseguidos, torturados y asesinados de la forma más cruel posible por haberlo visto nuevamente con vida. ¿Quién que sostenga una mentira sería capaz de aguantar tantas y

Día 20: La resurrección

tantas pruebas? Y, sobre todo, ¿por qué lo haría si no hubiera ningún beneficio para esa persona?

No podemos comprobar la resurrección de manera científica, pero la evidencia histórica y jurídica es innegable.

Aunado a todo eso, está la evidencia fenomenológica: después de dos mil años de la muerte y resurrección de Cristo, las personas seguimos experimentando el efecto de su presencia y de la magnitud del evento, y no solo a través de la inculturación, sino de la experiencia directa. ¿Cuántas personas han tenido un encuentro íntimo con Jesús y sus vidas han sido transformadas? ¿Cuántos adictos, asesinos, deudos, enfermos y deprimidos en todo el mundo han experimentado la presencia de Jesús y los ha transformado de manera radical? ¿Cuántos hemos vivido la miseria del pecado y hemos encontrado la conversión en Jesús?

La muerte y resurrección de Jesús no es un evento aislado que sucedió hace dos mil años; es un acontecimiento que ocurre día con día en millones de personas que mueren y resucitan en Jesús, dejando el sufrimiento y el pecado a un lado para dar vida a un nuevo ser capaz de amar y de entregarse a los demás, de estar en comunión con Dios como nunca antes. Incluso en psicología tenemos un término para ello. Le llamamos crecimiento postraumático. Jesús es la promesa de que hay vida y hay crecimiento después del trauma, de la muerte y del pecado. Así lo hizo Él, así nos invita a todos a hacerlo. Su promesa de resurrección es tan cierta para esta vida como para la venidera.

Ojalá que, como san Pablo, seamos capaces no solo de acomodar o modificar nuestros esquemas, sino de generar nuevos que nos permitan comprender con el intelecto y, sobre todo, con el corazón que nuestra fe está fundada

Día 20: La resurrección

en la resurrección de Jesús y, por lo tanto, nosotros podemos ser parte de esa resurrección tanto en la vida como después de la muerte.

Leer 1 Corintios 15 puede ser un gran complemento para lo que Jesús nos ha enseñado en Lucas 20. También se puede consultar el libro *The Case for Jesus*, del historiador Brant Pitre, quien de forma extraordinaria presenta la evidencia de la vida, muerte y resurrección de Jesús.

DÍA 21: LA PERSECUCIÓN CRISTIANA

Lucas 21,7-19

Le preguntaron: «Maestro, ¿cuándo sucederá eso? Y ¿cuál será la señal de que todas estas cosas están para ocurrir?» Él dijo: «Mirad, no os dejéis engañar. Porque vendrán muchos usurpando mi nombre y diciendo: "Yo soy" y "el tiempo está cerca". No les sigáis. Cuando oigáis hablar de guerras y revoluciones, no os aterréis; porque es necesario que sucedan primero estas cosas, pero el fin no es inmediato.» Entonces les dijo: «Se levantará nación contra nación y reino contra reino. Habrá grandes terremotos, peste y hambre en diversos lugares, habrá cosas espantosas y grandes señales del cielo. Pero, antes de todo esto, os echarán mano y os perseguirán, entregándoos a las sinagogas y cárceles y llevándoos ante reyes y gobernadores por mi nombre; esto os sucederá para que deis testimonio. Proponed, pues, en vuestro corazón no preparar la defensa, porque yo os daré una elocuencia y una sabiduría a la que no podrán resistir ni contradecir todos vuestros adversarios. Seréis entregados por padres, hermanos, parientes y amigos, y matarán a algunos de vosotros, y seréis odiados de todos por causa de mi nombre. Pero no perecerá ni un cabello de vuestra cabeza. Con vuestra perseverancia salvaréis vuestras almas.»

Día 21: La persecución cristiana

El 15 de febrero del 2015 se publicó un video que en pocos minutos se haría viral a nivel mundial. La crudeza y el sadismo de lo que se vio ahí quedarían grabados en la mente de los espectadores. En el video había veintiún hombres en trajes naranjas hincados y atados en una playa, mientras sus captores vestían trajes negros y tenían las cabezas cubiertas, todos menos su líder, quien vestía de camuflaje. Veinte de los detenidos eran cristianos coptos de Egipto, y todos los encapuchados eran islamistas.

Momentos después, los islamistas, con daga en mano, pasaban a su lado y les preguntaban: "¿Estás dispuesto a negar a Jesús y salvar tu vida?". Si decían que no, al instante perdían la cabeza.

Uno a uno de los primeros veinte contestó que no, y de inmediato fue degollado. Finalmente, los islamistas llegaron al último, al veintiuno, quien no era cristiano, y al formularle la misma pregunta, este contestó: "Antes no creía en Dios, pero ahora creo en el mismo Dios que ellos". El video causó sorpresa y conmoción por la gravedad de sus imágenes; sin embargo, el asombro fue aún mayor cuando se supo la respuesta de la víctima número veintiuno. El ejemplo de los veinte cristianos había provocado en él una conversión y martirio inmediatos.

El desgarrador video solo mostró una minúscula porción de una terrible tragedia que toma lugar en distintas regiones, incluyendo diferentes países y continentes. La persecución de cristianos es un creciente genocidio del que pocos se atreven a hablar por la dictadura de lo políticamente correcto. La sombra del colonialismo y la retórica progresista hacen que los países de occidente, que alguna vez fueron cristianos, y sus medios de comunicación callen ante la terrible persecución que los cristianos viven a nivel mundial, desde África hasta América Latina,

Día 21: La persecución cristiana

pasando por Medio Oriente e incluso Europa y Estados Unidos.

Iglesias incendiadas en Chile y Francia. Sacerdotes atacados y asesinados mientras ofician misa en Francia, Canadá y México. Iglesias vandalizadas en Nicaragua, Venezuela, Honduras y China. Mujeres y niñas raptadas, violadas y asesinadas en la India. Mujeres y hombres torturados y condenados a campos de trabajo en Corea del Norte. Mujeres, niños y hombres sentenciados a muerte y lapidación en países musulmanes. Villas enteras incendiadas y arrasadas en África. Médicos y psicólogos acorralados y sin derecho a la objeción de conciencia por las leyes en Europa, Canadá y Estados Unidos. Médicos encarcelados por salvar a las dobles víctimas del aborto, la mamá y el hijo, como pasa en Argentina. Padres que pierden la custodia de sus hijos en Alemania. Todo esto sigue siendo tan solo la punta del iceberg. El problema es enorme, y los medios, los políticos e incluso los jerarcas de la Iglesia guardan un incomprensible silencio ante lo que sucede.

El que no guarda silencio es el portal www.opendoorsusa.org, una organización que busca ayudar a los cristianos perseguidos alrededor del mundo. En su página se pueden encontrar diversas formas de apoyo para los perseguidos, así como también las estadísticas del *2019 World Watch List reporting period, November 1, 2017 - October 31, 2018*. Los números son escalofriantes.

Más de 245 millones de cristianos viven en lugares donde sufren altos niveles de persecución. 4305 cristianos fueron asesinados por su fe. 1847 iglesias y otros edificios cristianos, atacados. 3150 creyentes, detenidos sin juicio, arrestados, sentenciados o encarcelados. Estos datos son tan solo de doce meses, mientras que cada año los números aumentan.

Día 21: La persecución cristiana

Hay también otra sutil persecución que no se puede cuantificar: la del ostracismo, la del rechazo, la de la discriminación, la de ser forzado a no hablar de Jesús en las sociedades occidentales. De manera desconcertante, los países europeos y americanos buscan renegar de su fe, de su cultura, de su historia y de su herencia. En un irracional acto de autosabotaje, promovido por los supuestos intelectuales de nuestra época, las sociedades occidentales han generado una narrativa de vergüenza y culpa por eventos históricos que sucedieron cientos de años atrás. Los europeos se sienten avergonzados por la conquista de América, por las colonias en África y por la colonización de Australia. Han aprendido a verse como los malos de la película y, por lo tanto, todo aquello que fue parte del pasado ahora forma parte de la categoría de lo inadmisible en el presente y, por supuesto, el cristianismo ocupa un lugar central en esa esfera. Esta narrativa ha dado paso a una idealización de las sociedades nativas y a una corrección política que defiende a todos menos a los occidentales. Los valores que dieron pie a la libertad de expresión, a los derechos humanos, a la libertad y a la igualdad hoy son desdeñados e incluso atacados mientras que se celebran los ideales y valores que han tenido —y aún tienen— a las personas sumergidas en la injusticia, la opresión y el retraso.

Occidente ha dejado de ver que gracias a la cultura europea judeocristiana se desarrollaron las universidades, los hospitales y la democracia contemporánea; se alcanzaron la libertad y la abolición de la esclavitud; se reconocieron los derechos humanos, el valor y la dignidad del individuo, y, sobre todo, se transmitió la fe cristiana, la fe revelada por Dios, la fe que nos muestra que "porque tanto amó Dios al mundo que dio a su Hijo único,

Día 21: La persecución cristiana

para que todo el que crea en Él no perezca, sino que tenga vida eterna" (Jn 3,16).

Desde la comodidad y seguridad que el cristianismo les ha heredado, ahora esos revolucionarios de la justicia social le dan la espalda y lo atacan desde un teléfono celular, desde las computadoras en su hogar, desde el salón de clases universitario, desde las cámaras políticas y, aunque parezca increíble, incluso desde el púlpito de las iglesias. Occidente pierde la cabeza porque hace tiempo que ha perdido los pies, los pies del cristianismo que lo mantenían en la Tierra con una mirada en el Cielo.

No hay país ni civilización, cultura o religión que esté libre de errores históricos. Sin duda el cristianismo tiene épocas reprobables, como también las tienen los antiguos imperios europeos. Pero la historia no puede ni debe ser juzgada con los ojos del presente, sino con los del ayer. Quienes critican la esclavitud olvidan que era un fenómeno mundial y que gracias a las naciones judeocristianas se abolió y se erradicó en todo el mundo. Quienes critican las conquistas olvidan que ese es un fenómeno universal y que incluso hoy en día sucede en las culturas que tanto defienden. Quienes critican las matanzas olvidan que la crueldad y el alcance solían ser mayores en las civilizaciones precristianas que en los países convertidos al cristianismo, como sucedía con el sanguinario sacrificio humano practicado por los aztecas. Quienes reniegan del cristianismo y de la cultura occidental lo hacen desde su seno, desde los privilegios que han heredado gracias a lo que atacan; no lo hacen desde algún país musulmán o comunista que les haya abierto las puertas para vivir la utopía que tanto buscan implementar en sus países natales. Occidente está en riesgo de desaparecer si no cambia de narrativa y acepta su pasado con sus luces y sus sombras para seguir promoviendo los valores que han guiado

Día 21: La persecución cristiana

a la humanidad a sociedades más libres, justas y equitativas.

Pareciera que la persecución de los cristianos está lejos de terminar; de hecho, todo indica que esto apenas está comenzando. El neopaganismo, el islam y el neomarxismo están creciendo en occidente. Su discurso impositivo y su poca disposición al diálogo podrían dar pie a que los ataques y la coartación de las libertades se multipliquen en los países que han hecho tanto por la libertad y los derechos humanos. Los cristianos debemos estar preparados para lo que muchos están viviendo, ya que no hay garantía de que no se vaya a extender.

Sin embargo, recordemos que la persecución y el martirio han sido parte del cristianismo desde su origen. Su fundador fue perseguido y martirizado. Los primeros cristianos veían como un gran honor morir al igual que lo había hecho su maestro. Los romanos se sorprendían de ver a los cristianos cantar y orar mientras esperaban su tortura o ser devorados por las bestias. Morir por la fe, como lo hicieron los veintiún decapitados en el 2015, siempre fue visto como la máxima oportunidad de imitar a Cristo, de dar testimonio por Él.

Jesús, en Lucas 21, nos habla de la parusía y del final de los tiempos y nos advierte de la persecución que los cristianos hemos de vivir:

> Pero, antes de todo esto, os echarán mano y os perseguirán, entregándoos a las sinagogas y cárceles y llevándoos ante reyes y gobernadores por mi nombre; esto os sucederá para que deis testimonio. Proponed, pues, en vuestro corazón no preparar la defensa, porque yo os daré una elocuencia y una sabiduría a la que no podrán resistir ni contradecir todos vuestros adversarios. Seréis entregados por padres, hermanos, parientes y amigos, y matarán a algunos de vosotros, y seréis odiados de todos por causa de mi

nombre. Pero no perecerá ni un cabello de vuestra cabeza. Con vuestra perseverancia salvaréis vuestras almas. (Lc 21,12-19)

No nos dice cuándo sucederá, pero nos invita a desarrollar el sentido de urgencia, de no confiarnos. Tal vez las persecuciones, la confusión en la Iglesia, los problemas climáticos y políticos sean señales de los tiempos, o tal vez no. En realidad, siempre ha habido este tipo de situaciones, y no solo eso, sino que, como ya lo mencioné en páginas anteriores, la humanidad nunca había vivido con tanta seguridad, abundancia, educación y salud como lo hace esta generación. Tal vez las cosas no están peor en términos mundiales, económicos y materiales, pero sí lo están para los cristianos. La época poscristiana, como algunos la llaman, representa un peligro para todos, pues sin Dios, nada de lo que logremos con nuestras capacidades humanas tiene sentido. Nuestro verdadero objetivo no es la prosperidad en la Tierra, sino en el Cielo.

Por eso Jesús nos invita a no procrastinar, a no confundirnos ni con las amenazas ni con las comodidades. Por el contrario, nos invita a mantenernos siempre vigilantes, pues tal vez no veamos su segunda venida en esta vida, pero seguro que todos moriremos sin saber cuándo:

> Cuidad de que vuestros corazones no se emboten por el vicio, la borrachera y las preocupaciones de la vida, y caiga de improviso sobre vosotros este día como un lazo, porque así vendrá ese día sobre todos los habitantes de la tierra. Estad alerta y orad en todo momento para que podáis libraros de todo lo que ha de venir y presentaros ante el Hijo del hombre. (Lc 21,34-36)

Día 21: La persecución cristiana

En homenaje a los veintiún mártires decapitados en el 2015, aquí dejo sus nombres para que elevemos una oración por ellos y por todos los cristianos perseguidos y por que seamos capaces de imitar su valentía y fe en Cristo:
Bishoy Adel Khalaf, Samuel Alhoam Wilson, Hany Abdel-Masih Salib, Melad Mackeen Zaki, Abanoub Ayad Attia, Ezzat Bushra Nassif, Yousef Shokry Younan, Kirillos Shukry Fawzy, Majed Suleiman Shehata, Somali Stéphanos Kamel, Malak Ibrahim Siniot, Bishoy Stéphanos Kamel, Mena Fayez Aziz, Girgis Melad Sniout, Tawadros Youssef Tawadros, Essam Badr Samir, Luke Ngati, Jaber Mounir Adly, Malak Faraj Abram, Sameh Salah Farouk y Matthew Ayariga.

DÍA 22: LA TRAICIÓN, LA EUCARISTÍA, PEDRO, LA HEMATIDROSIS Y LA ORACIÓN DE JESÚS

Lucas 22,1-6

Se acercaba la fiesta de los Azimos, llamada Pascua. Los sumos sacerdotes y los escribas buscaban cómo hacerle desaparecer, pues temían al pueblo. Entonces Satanás entró en Judas, llamado Iscariote, que era del número de los Doce; y se fue a tratar con los sumos sacerdotes y los jefes de la guardia del modo de entregárselo. Ellos se alegraron y quedaron con él en darle dinero. Él aceptó y andaba buscando una oportunidad para entregarle sin que la gente lo advirtiera.

Lucas 22,14-20

Cuando llegó la hora, se puso a la mesa con los apóstoles; y les dijo: «Con ansia he deseado comer esta Pascua con vosotros antes de padecer; porque os digo que ya no la comeré más hasta que halle su cumplimiento en el Reino de Dios.» Y recibiendo una copa, dadas las gracias, dijo: «Tomad esto y repartidlo entre vosotros; porque os digo que, a partir de este momento, no beberé del producto de la vid hasta que llegue el Reino de Dios.» Tomó luego pan, y, dadas las gracias, lo partió y se lo dio diciendo: «Este es mi cuerpo que es entregado por vosotros; haced esto en recuerdo mío.» De igual modo, después de cenar, la copa, diciendo: «Esta copa es la Nueva Alianza en mi sangre, que es derramada por vosotros.»

Lucas 22,31-34

«¡Simón, Simón! Mira que Satanás ha solicitado el poder cribaros como trigo; pero yo he rogado por ti, para que tu fe no

desfallezca. Y tú, cuando hayas vuelto, confirma a tus hermanos.» Él dijo: «Señor, estoy dispuesto a ir contigo hasta la cárcel y la muerte.» Pero Él dijo: «Te digo, Pedro: no cantará hoy el gallo antes que hayas negado tres veces que me conoces.»

Lucas 22,39-48

Salió y, como de costumbre, fue al monte de los Olivos, y los discípulos le siguieron. Llegado al lugar les dijo: «Pedid que no caigáis en tentación.» Y se apartó de ellos como un tiro de piedra, y puesto de rodillas oraba diciendo: «Padre, si quieres, aparta de mí esta copa; pero no se haga mi voluntad, sino la tuya.» Entonces, se le apareció un ángel venido del cielo que le confortaba. Y sumido en agonía, insistía más en su oración. Su sudor se hizo como gotas espesas de sangre que caían en tierra. Levantándose de la oración, vino donde los discípulos y los encontró dormidos por la tristeza; y les dijo: «¿Cómo es que estáis dormidos? Levantaos y orad para que no caigáis en tentación.» Todavía estaba hablando, cuando se presentó un grupo; el llamado Judas, uno de los Doce, iba el primero, y se acercó a Jesús para darle un beso. Jesús le dijo: «¡Judas, con un beso entregas al Hijo del hombre!»

Día 22: La traición, la eucaristía, Pedro, la hematidrosis y la oración

La traición

Imagina por un momento que los últimos tres años de tu vida los has pasado a lado de un hombre magnífico. Su sabiduría, su sencillez y forma de vida, su trato a los demás y en especial a los más desfavorecidos te han cautivado y decides que quieres ser su discípulo, que quieres aprender todo lo que él tiene que enseñarte. Lo dejas todo por seguirlo: trabajo, familia, comodidades, todo porque estás convencido de que te encuentras frente a alguien incomparable. Con el tiempo, tu admiración y asombro crecen más y más, pues has sido capaz de atestiguar de primera mano que él no es solo alguien especial por su sabiduría y su estilo de vida, sino que además hay un elemento divino que habita en él.

Has visto sus milagros; has presenciado que los enfermos se curan, los ciegos ven, los cojos caminan, los demonios huyen y los muertos vuelven a la vida. Poco a poco te das cuenta de que este hombre no es un hombre cualquiera, ni siquiera es un hombre excepcional; este hombre es la manifestación encarnada de Dios. Tu admiración y amor por él es tal que estás dispuesto a hacer lo que él te diga, incluso si te ordena ir y predicar su palabra sin nada: sin comida, sin dinero, sin cambio de ropas. Sin nada. Cuando lo obedeces te das cuenta de que tú también has sido transformado, que gracias a que eres su discípulo y a la convivencia íntima con él, ahora tú también expulsas demonios y curas personas. ¡Qué magnífica y transformativa experiencia has tenido! ¡Qué vínculo tan poderoso se ha generado entre tú y él, a quien ahora llamas maestro y lo reconoces como el Hijo de Dios!

Sin embargo, un día te levantas y estás dispuesto a traicionarlo y a entregarlo a quienes buscan acabar con

Día 22: La traición, la eucaristía, Pedro, la hematidrosis y la oración

su vida. Tú, que has estado con él compartiendo los alimentos, compartiendo la estancia, compartiendo las alegrías y las dificultades; tú, que has sido testigo de sus milagros y de su amor y que los has experimentado en ti; tú decides entregarlo para que lo crucifiquen. ¿Cómo diablos puede ser eso posible? La respuesta está en la pregunta: está en el diablo. En Lucas 22,3 el texto nos dice: "Entonces Satanás entró en Judas, llamado Iscariote, que era del número de los Doce".

Con anterioridad mencioné que aquellos que niegan al demonio en realidad no creen en el Evangelio y hablé de la importancia de reconocer su presencia en el mundo y en nuestras vidas. De no hacerlo, podemos terminar como Judas: traicionando al maestro. Tal vez ustedes dirán: "Jamás haría algo como Judas", "yo no podría entregar a Jesús a sus enemigos y participar en su muerte". Sin embargo, ¿acaso no hacemos lo mismo cuando callamos frente a quienes lo denuestan? ¿Acaso no lo traicionamos cuando preferimos entregarnos a los bienes del mundo que a la oración y a su presencia? ¿Acaso no contribuimos a su muerte cuando apoyamos y consumimos los productos que han llevado al mundo a su secularización? ¿Acaso no lo hacemos cuando nos olvidamos de su enseñanza esencial, que es amar a Dios sobre todas las cosas y al prójimo como a nosotros mismos? (Mt 22,36-40).

Es mejor no ser ingenuos y no creer que nosotros somos mejores que Judas. Él fue uno de los elegidos, uno de los doce que estuvo con Jesús y que creció en gracia y santidad. A pesar de eso, Satanás entró en él. Con mayor razón puede entrar en nosotros.

Día 22: La traición, la eucaristía, Pedro, la hematidrosis y la oración

La eucaristía

Dios entregó a los judíos una alianza basada en la ley como muestra de su amor y su favoritismo. La ley de Dios no tiene la finalidad de coartar la libertad o de oprimir a su gente; por el contrario, busca cuidarla y guiarla a la única libertad verdadera, la libertad de estar en la presencia de Dios.

Un padre pone límites y reglas a sus hijos no porque busque reprimirlos, sino porque quiere lo mejor para ellos, porque los ama. Esos límites y reglas son de especial importancia en la infancia y la adolescencia, pues el hijo está construyendo su criterio, comprendiendo el actuar debido e indebido y también edificando una relación con sus padres, el mundo y él mismo. Llegará un momento en que habrá internalizado las reglas y los límites, y sus padres pasarán de la relación autoritativa que tienen con él a una relación de intimidad y comunión, incluso a una relación de amistad.

Lo mismo ha querido Dios con su pueblo elegido y con cada uno de nosotros. A los judíos les dio la ley para amarlos, guiarlos y protegerlos. Para que supieran distinguir el camino correcto del incorrecto, pero después envío a su Hijo para que pudieran desarrollar una relación íntima con Él. Lo mismo hace con nosotros; su ley sigue vigente para cada uno. Sus diez mandamientos son inmutables. No busca oprimirnos ni coartar nuestra libertad; pretende que nos desarrollemos en la verdadera libertad, que es su amor y una vida orientada hacia Él. Pero, al igual que con los judíos, nos envía a su Hijo para que nosotros podamos desarrollar una relación íntima, un vínculo de amor con Él y sepamos que no estamos solos. Dios nos ha dado la eucaristía, la nueva alianza, la presencia de Dios en nuestra vida para que podamos no solo vivir de acuerdo con su ley, sino con su amor. Él quiere una amistad con nosotros (Jn 15,15) para que vivamos en intimidad con Jesús.

La eucaristía no es un símbolo, no es un recordatorio de algo que sucedió hace dos mil años. La eucaristía es la presencia real del cordero pascual a la que nosotros podemos acceder para tener un profundo encuentro con Dios. Amarla, reverenciarla y recibirla con frecuencia es la mejor forma en que podemos pagar por el sacrificio que Jesús hizo y hace todos los días por nosotros. Pero, sobre todo, es la forma en que podemos construir un vínculo que nos permita ser uno con Él. "Tomó luego pan, y, dadas las gracias, lo partió y se lo dio diciendo: 'Este es mi cuerpo que es entregado por vosotros; haced esto en recuerdo mío'" (Lucas 22,19).

Pedro

No fue solo a Judas, sino también a Pedro a quien el demonio visitó para alejarlo de Dios. Pedro, la piedra de la Iglesia. Pedro, quien estuvo desde el principio con Jesús. Pedro, quien se sentía tan seguro y convencido de su relación con Jesús. Su maestro le dice: "¡Simón, Simón! Mira que Satanás ha solicitado el poder cribaros como trigo; pero yo he rogado por ti, para que tu fe no desfallezca. Y tú, cuando hayas vuelto, confirma a tus hermanos" (Lc 22,31-32).

Jesús le cuenta lo que pasará, profetiza la apostasía de Pedro y le dice que Él está rogando por su fe. ¿Y qué hace Pedro? ¿Le agradece su preocupación y su ruego? No, contesta como aquel que está lleno de sí mismo, que se cree autosuficiente: "Él dijo: 'Señor, estoy dispuesto a ir contigo hasta la cárcel y la muerte'" (Lc 22,33).

Día 22: La traición, la eucaristía, Pedro, la hematidrosis y la oración

Pedro reacciona con exceso de confianza, sin entender que las fuerzas no son de uno, sino de Dios; que no se trata solo de nuestra voluntad y esfuerzo, sino de nuestra disposición a abrirnos a Él, de reconocer con humildad que Jesús se preocupa por nosotros. Por ello Jesús le aseguró: "Te digo, Pedro: no cantará hoy el gallo antes que hayas negado tres veces que me conoces" (Lc 22,34).

Y así fue: Pedro lo negó tres veces, y cuando cantó el gallo "y el Señor se volvió y miró a Pedro, y recordó Pedro las palabras del Señor, cuando le dijo: 'Antes que cante hoy el gallo, me habrás negado tres veces'. Y, saliendo fuera, rompió a llorar amargamente" (Lc 22,61-62).

Hoy hay quienes dicen que estamos ante una nueva apostasía. Hay quienes incluso señalan al papa Francisco y a otros jerarcas de la Iglesia de ya no hablar de Jesús, de traer ídolos a la casa de Dios, de poner al cristianismo y a Jesús al nivel de las demás religiones y de sus fundadores. Hay quienes afirman que Pedro niega nuevamente a Jesús.

Pero ¿qué hay de nosotros? ¿Nosotros somos como Pedro? ¿Creemos en nuestra autosuficiencia y que por nuestras propias fuerzas nos mantendremos firmes? ¿Nos damos cuenta de que el trabajo del demonio es hacernos creer que nos toca juzgar a los demás, incluyendo al papa, en lugar de reconocer que nosotros también somos Pedro, que nosotros también negamos a Jesús con nuestras acciones? ¿Acaso somos mejores que Pedro?

Pedro no supo reconocer lo que Jesús le advertía ni tampoco ver el gran amor y la preocupación que lo habían llevado a rogar por él. Pedro creyó que él sabía más que su maestro. Sin embargo, Pedro se arrepintió y confirmó a sus hermanos; se volvió la figura fundamental para la edificación de la Iglesia.

Día 22: La traición, la eucaristía, Pedro, la hematidrosis y la oración

Así pues, ojalá que todos en la Iglesia podamos ver que la misma naturaleza y tentación que habitó en Pedro habita en nosotros: la tentación de la autosuficiencia. Que podamos ver lo que Él no vio: que Jesús se preocupa y ruega por nosotros, para que con humildad le demos las gracias y nos reconozcamos necesitados de Él.

Hematidrosis

Jesús sabía de la traición que viviría. Sabía que sería secuestrado, abandonado, humillado, torturado y, finalmente, crucificado. Sus más cercanos huirían; las masas que antes lo seguían de día y de noche ahora se volverían contra Él y clamarían por su muerte y su sangre. El dolor físico y emocional era incomparable. Él sabía que su hora había llegado.

Pero en lugar de huir entró en oración. Jesús buscó nuevamente la tranquilidad del silencio, la distancia del bullicio, la soledad de la montaña. Se fue al monte de los Olivos y dijo a sus discípulos: "Pedid que no caigáis en tentación" (Lc 22,40).

Eso es lo que dejó de hacer Judas; eso es lo que no hizo Pedro después de ser advertido. Pedro y los demás discípulos no oraron; estaban durmiendo (Lc 22,45), por eso cayeron en la tentación del dinero, de la autosuficiencia, de la negación, del abandono. Por eso nosotros también caemos en esas tentaciones, porque dejamos de hacer oración.

Mientras los discípulos dormían, Jesús vivía una profunda experiencia de temor y angustia. Debió de estar aterrorizado. El texto nos dice: "Y sumido en agonía, insistía más en su oración. Su sudor se hizo como gotas espesas de sangre que caían en tierra" (Lc 22,44). Las gotas de sangre no son solo un recurso literario, una metáfora;

Día 22: La traición, la eucaristía, Pedro, la hematidrosis y la oración

son una realidad llamada hematidrosis, un fenómeno que se produce como resultado de un intenso estrés o angustia que provoca una congestión de los vasos sanguíneos en la membrana basal de la piel alrededor de las glándulas sudoríparas. La sangre se mezcla con el sudor y se libera por la piel. La hematidrosis de Jesús nos permite comprender a lo que Él se enfrentaba. Pero a pesar de tal intensidad emocional, de semejante angustia, Jesús no salió huyendo. Tampoco buscó defenderse, impedirlo o contraatacar. Lo que Jesús hizo fue entrar en oración, y ahí, en medio de la angustia y la oración, encontró el consuelo:

> Y se apartó de ellos como un tiro de piedra, y puesto de rodillas oraba diciendo: "Padre, si quieres, aparta de mí esta copa; pero no se haga mi voluntad, sino la tuya". Entonces, se le apareció un ángel venido del cielo que le confortaba. (Lc 22,41-43)

Jesús nos enseña que la oración es el principal y más importante método que tenemos para poder enfrentar la adversidad, pues ahí, en medio de la oración, podremos ser capaces de aceptar que no se haga nuestra voluntad, sino la suya. Esa aceptación radical de que las cosas no tienen que ser como uno quiere, sino como Él quiere, lo que nos permite navegar y superar las dificultades de la vida. Además, nos permite encontrar el consuelo de Dios en medio de las tribulaciones.

Jesús sería después capturado, abandonado, humillado y enjuiciado, pero ya contaba con la fuerza de saber que cumplía la voluntad de su Padre y no la de Él.

Ojalá que todos podamos imitar a Cristo en su oración y en su aceptación radical de la voluntad del Padre. Ojalá que todos encontremos en la oración la fortaleza

Día 22: La traición, la eucaristía, Pedro, la hematidrosis y la oración

que necesitamos para enfrentar las vicisitudes y tribulaciones de la vida. Ojalá que como el apóstol Pablo podamos decir: "Estad siempre alegres. Orad constantemente. En todo dad gracias, pues esto es lo que Dios, en Cristo Jesús, quiere de vosotros" (1 Tes 5,16-18).

La oración de Jesús

Una forma de "orad constantemente" es la oración de Jesús o del corazón.[1] Es una simple, pero poderosa forma de orar en todo lugar y en todo momento. Es una herencia de los padres del desierto que se ha mantenido viva e ininterrumpida en la Iglesia ortodoxa y que puede ser practicada por todos. Es muy sencilla. Es una oración que se repite constantemente y que va apareada con la respiración. Al inhalar se dice mentalmente: "Señor Jesucristo hijo de Dios", y al exhalar: "ten misericordia de mí, pecador". Una y otra vez, hasta que se incrusta en el corazón y se vuelve automática. No pedimos nada más, no pensamos en nada más, no buscamos nada más; solo invocamos el nombre de Jesús, lo reconocemos como el Hijo de Dios y a nosotros como pecadores. Si las preocupaciones, los pensamientos o las imágenes nos llegan en medio de la oración, no las combatimos, pero tampoco les damos nuestra atención; simplemente volvemos a nuestra oración. Al inhalar decimos: "Señor Jesucristo hijo de Dios", y al exhalar: "ten misericordia de mí, pecador". Eso es todo, una y otra vez por cinco minutos o

---

[1] Los libros *Relatos de un peregrino ruso* y *La Filocalia de la oración de Jesús* son dos hermosas obras y una gran ayuda para quien quiera adentrarse en esta bella forma de oración. También se pueden visitar los siguientes videos del sacerdote ortodoxo Maxym Lysack para conocer más: https://youtu.be/rSkyAdKxNGY y https://youtu.be/S_VeNg7GE2o

Día 22: La traición, la eucaristía, Pedro, la hematidrosis y la oración

por veinte o por tres horas o por todo el día. Mientras más lo hagamos, más se anidará en nuestro interior. Y así, cuando la adversidad nos visite, no lo hará sola, sino acompañada. Lo hará bajo la presencia de Jesús, quien nos dio ejemplo de cómo aceptar la voluntad del Padre.

DÍA 23: "¡CRUCIFÍCALE! ¡CRUCIFÍCALE!"

Lucas 23,13-25

Pilato convocó a los sumos sacerdotes, a los magistrados y al pueblo y les dijo: «Me habéis traído a este hombre como alborotador del pueblo, pero yo le he interrogado delante de vosotros y no he hallado en este hombre ninguno de los delitos de que le acusáis. Ni tampoco Herodes, porque nos lo ha remitido. Nada ha hecho, pues, que merezca la muerte. Así que le castigaré y le soltaré.» Toda la muchedumbre se puso a gritar a una: «¡Fuera ése, suéltanos a Barrabás!» Este había sido encarcelado por un motín que hubo en la ciudad y por asesinato. Pilato les habló de nuevo, intentando librar a Jesús, pero ellos seguían gritando: «¡Crucifícale, crucifícale!» Por tercera vez les dijo: «Pero ¿qué mal ha hecho éste? No encuentro en Él ningún delito que merezca la muerte; así que le castigaré y le soltaré.» Pero ellos insistían pidiendo a grandes voces que fuera crucificado y sus gritos eran cada vez más fuertes. Pilato sentenció que se cumpliera su demanda. Soltó, pues, al que habían pedido, el que estaba en la cárcel por motín y asesinato, y a Jesús se lo entregó a su voluntad.

Lucas 23,33-46

Llegados al lugar llamado Calvario, le crucificaron allí a Él y a los malhechores, uno a la derecha y otro a la izquierda. Jesús decía: «Padre, perdónales, porque no saben lo que hacen.» Se repartieron sus vestidos, echando a suertes. Estaba el pueblo mirando; los magistrados hacían muecas diciendo: «A otros salvó; que se salve a sí mismo si Él es el Cristo de Dios, el Elegido.» También los soldados se burlaban de Él y, acercándose, le ofrecían vinagre y le decían: «Si tú eres el

Rey de los judíos, ¡sálvate!» Había encima de Él una inscripción: «Este es el Rey de los judíos.» Uno de los malhechores colgados le insultaba: «¿No eres tú el Cristo? Pues ¡sálvate a ti y a nosotros!» Pero el otro le respondió diciendo: «¿Es que no temes a Dios, tú que sufres la misma condena? Y nosotros con razón, porque nos lo hemos merecido con nuestros hechos; en cambio, éste nada malo ha hecho.» Y decía: «Jesús, acuérdate de mí cuando vengas con tu Reino.» Jesús le dijo: «Yo te aseguro: hoy estarás conmigo en el Paraíso.» Era ya cerca de la hora sexta cuando, al eclipsarse el sol, hubo oscuridad sobre toda la tierra hasta la hora nona. El velo del Santuario se rasgó por medio y Jesús, dando un fuerte grito, dijo: «Padre, en tus manos pongo mi espíritu» y, dicho esto, expiró.

Día 23: "¡Crucifícale! ¡Crucifícale!"

En cierta ocasión, un sujeto, buscando convencerme de que el cristianismo no tenía ningún sentido, expresó que la historia de Jesús simplemente era una más de superhéroes y que los Evangelios eran algo así como los cómics de la época donde se expresaba tal fantasía. Aseguraba que la idea de un hombre con superpoderes que es atacado por las fuerzas del mal, asesinado y después resucitado era tan absurda e infantil como creer en las historias de Superman, de los X Men o de los Avengers. Y aún más: decía que no había nada de novedoso en la historia de Jesús, pues no solo en la época moderna había historias de héroes con superpoderes que salvaban al mundo y se sacrificaban por él, sino que desde la antigüedad se han contado historias así. Tenía razón; la de Jesús no ha sido la única historia con un contenido semejante. Griegos, egipcios, hindúes, aztecas y prácticamente cada civilización cuentan con su propia mitología, cargada de acción e historias fascinantes, junto con relatos heroicos de seres especiales llamados a salvar a la humanidad.

El ser humano siempre ha sabido que hay algo especial en él. Es la única creatura capaz de caminar erguida, de comunicarse a través del lenguaje hablado y escrito, así como a través de diversos tipos de símbolos. Las capacidades cognitivas del hombre son superiores a las de cualquier otra especie. Los hombres, en comparación con las demás creaturas, contamos con "superpoderes" que simplemente son imposibles para cualquier animal que no pertenece a la especie humana.

Tenemos pensamiento abstracto, resolvemos problemas, nos organizamos, planeamos, hipotetizamos; somos capaces de pronosticar y prever situaciones que aún no suceden. Usamos herramientas; construimos artefactos; desarrollamos lenguaje; generamos sistemas de creencias; creamos arte, ciencia, filosofía y teología. Desde hace

Día 23: "¡Crucifícale! ¡Crucifícale!"

miles de años, el hombre reconoce que es diferente al resto de la creación y que, por lo tanto, su existencia tiene sentido. Lo vemos en las pinturas rupestres de Cantabria de hace más de 65,000 años o en los primeros humanos pintados en África hace 70,000 años o en las ceremonias mortuorias que datan del Neolítico. El hombre piensa sobre la vida y la muerte y, por lo tanto, en su origen y destino.

La mitología en el pasado, como la ciencia en el presente, forman parte de esa búsqueda de sentidos y significados. Constituyen metodologías que permiten aportar explicaciones al origen y desarrollo de la vida, así como a la muerte a la que todos estamos llamados. Una lo hace desde fuerzas y poderes sobrenaturales que están fuera del alcance y control del hombre, como los dioses o los espíritus. La otra lo hace desde el mundo natural que está al alcance y aparentemente con margen de control, como la materia y los objetos de estudio de la ciencia. El hombre antiguo explicaba su existencia desde la mitología y el hombre contemporáneo lo hace desde la ciencia.

Pero ninguna de las historias de la mitología o de las leyendas heroicas medievales de caballeros y dragones o de la ciencia ficción y los cómics son verdaderas en el sentido objetivo. En cambio, son verdaderas en cuanto a que son una búsqueda de expresión y significado psíquico. Una forma simbólica de la mente en la elaboración de sentido y comprensión de la existencia humana. Mientras la mitología busca proveer explicaciones basadas en el sentido de la existencia humana, la ciencia contemporánea, con su énfasis en la objetividad, es capaz de ofrecer hipótesis y posibles explicaciones de los procesos subyacentes en la naturaleza, pero no de la razón última de su existencia ni del propósito y sentido de que sea el ser humano, y no el perro, el escarabajo o la cucaracha, el único

Día 23: "¡Crucifícale! ¡Crucifícale!"

capaz de la abstracción y del lenguaje. Ni siquiera ofrece una explicación de por qué la Tierra es el único lugar donde todas las variables se unieron (a pesar de su enorme improbabilidad) para que la vida tuviera lugar. Lo que la mitología pretendía explicar, la ciencia no lo puede abordar. Y lo que la ciencia asegura explicar, la mitología no lo puede analizar. Dos realidades distintas, pero no antagónicas.

Sin embargo, la historia de Jesús difiere tanto de la mitología del pasado y de las explicaciones heroicas del ayer y del hoy, que sirven como expresión de los contenidos psíquicos y de la búsqueda de sentido, como también de la función de la ciencia contemporánea y su búsqueda de la verdad objetiva. La historia de Jesús representa la plenitud del espíritu humano tanto en su comprensión de lo divino como en su relación con la creación. No es un conflicto dicotómico entre mitología o ciencia, sino la certidumbre de que Dios ha creado al mundo y de que el ser humano es su creación especial, a la que ha dotado de la capacidad de mirar hacia arriba buscando su origen y de caminar abajo comprendiendo su existencia y el mundo que la rodea. El espíritu y la materia son las dos realidades a las que pertenece el hombre, y Jesús las unió de manera perfecta con su vida en la Tierra.

Pero esta explicación no convencería a nadie sobre por qué la historia de Jesús es distinta a las de la mitología o las leyendas del pasado y del presente. Sin embargo, sí permite ver que la de Jesús constituye el arquetipo universal que ha estado detrás de la humanidad a lo largo de los años. Es el elemento subyacente que buscaba y busca ser expresado a través de la mitología y el arte; es el Dios desconocido que los griegos adoraban sin conocer y el que Pablo les anunció (Hech 17,23).

Día 23: "¡Crucifícale! ¡Crucifícale!"

Esta historia, que se encuentra en el origen del alma humana, no es solo un arquetipo; es una realidad que cuenta con evidencia histórica, jurídica, arqueológica y fenomenológica de que Cristo se encarnó y existió hace más de dos mil años. Muestra que Jesús no fue un personaje fantástico producto de la imaginación humana, de la mitología de una sociedad o cultura, sino que Dios verdaderamente se hizo hombre, vivió como hombre y murió como hombre. No hay ningún personaje de la mitología pasada o actual del que se pueda decir lo mismo. Solo Jesús representa la unión entre lo divino y lo humano, el mundo espiritual y el material. Solo Jesús es el camino, la verdad y la vida (Jn 14,6).

Ese Jesús histórico, ese hombre que era Dios, fue juzgado y crucificado. Sin haber cometido delito alguno fue entregado a Pilatos y a Herodes, quienes no encontraron razón para castigarlo (Lc 23,14-15), pero ahí las masas enardecidas clamaban su sangre y su muerte gritando: "¡Crucifícale! ¡Crucifícale!" (Lc 23,21). Poseídos de injusticia, pedían la liberación e intercambio de aquel que prometió un reino terrenal bañado en sangre por aquel que prometió un reino celestial basado en el amor a Dios y al prójimo (Lc 23,25). En su histeria, la gente mataría a un hombre inocente; lo harían de manera cruel y despiadada, con maldad. Y mientras lo hacían, Él respondía: "Padre, perdónales, porque no saben lo que hacen" (Lc 23,34). Nadie reconocía lo que estaba frente a ellos; en medio de sus burlas no veían que se encontraban frente a la verdad: ahí estaba el rey de los judíos, el Mesías (Lc 23,35-39). Solo aquel que fue humilde y que reconoció su propia pobreza pudo verlo: "¿Es que no temes a Dios, tú que sufres la misma condena? Y nosotros con razón, porque nos lo hemos merecido con nuestros he-

Día 23: "¡Crucifícale! ¡Crucifícale!"

chos; en cambio, éste nada malo ha hecho". Y decía: "Jesús, acuérdate de mí cuando vengas con tu Reino" (Lc 23,40-42). Su humildad sería recompensada, pues esa es la virtud que Jesús mostró ahí: la humildad de aceptar la voluntad del Padre, y el ladrón a su lado aprendió a hacer lo mismo, por lo que Jesús le contestó: "Yo te aseguro: hoy estarás conmigo en el Paraíso" (Lc 23,43).

A pesar de tanto sufrimiento, Él no solo siguió mostrando su amor por los demás, sino que hasta el final mostró su confianza en el Padre: "Y Jesús, dando un fuerte grito, dijo: 'Padre, en tus manos pongo mi espíritu' y, dicho esto, expiró" (Lc 23,46).

La muerte de Jesús fue un acto de inmensa injusticia y un ejemplo de la capacidad para el mal que anida en el ser humano y germina en las masas, en las multitudes histéricas que no logran distinguir el bien del mal. Pero su muerte también fue un acto de amor y sacrificio, de humildad y aceptación de la voluntad de Dios. Él se entregó para ser el nuevo cordero pascual, para completar la nueva alianza de Dios y sus hijos en todo el mundo. Además, la muerte de Jesús es un gran ejemplo de cómo hemos de amar hasta el final y de confiar en Dios incluso en los momentos de mayor sufrimiento e injusticia, pues nosotros solo somos parte de un plan mayor que Él tiene para la humanidad.

Por lo tanto, ojalá que en los momentos de adversidad y dificultad, y en especial a la hora de la muerte, podamos decir como Jesús lo dijo: "Padre, en tus manos pongo mi espíritu", pues en la voluntad del Padre todo cobra sentido.

Finalmente, la historia de Jesús nos muestra que desde siempre ha habido incrédulos dispuestos a crucificarlo. Hoy las masas histéricas que piden su muerte van

Día 23: "¡Crucifícale! ¡Crucifícale!"

en aumento. Desde personas que buscan ponerlo al nivel de los cómics hasta quienes buscan prohibirlo en la esfera pública, o incluso quienes lo desvirtúan desde los púlpitos con nuevas herejías. Jesús también está siendo nuevamente crucificado en los abortatorios, en las persecuciones cristianas y en sus mártires, en la confusión propagada en las escuelas y en los medios de comunicación, en los sintecho, en la crisis de los inmigrantes y en la crisis de la familia. Jesús vuelve a ser crucificado ahí donde la injusticia y las masas se vuelven a hacer presentes gritando histéricamente: "¡Crucifícale! ¡Crucifícale!". Ojalá nosotros sepamos ser como el ladrón bueno y lo defendamos ante la injusticia que vive nuevamente, pues así recibiremos la confirmación de que hoy estaremos en el Paraíso con Él.

DÍA 24: CORAZONES ARDIENTES

Lucas 24,13-32

Aquel mismo día iban dos de ellos a un pueblo llamado Emaús, que distaba sesenta estadios de Jerusalén, y conversaban entre sí sobre todo lo que había pasado. Y sucedió que, mientras ellos conversaban y discutían, el mismo Jesús se acercó y siguió con ellos; pero sus ojos estaban retenidos para que no le conocieran. Él les dijo: «¿De qué discutís entre vosotros mientras vais andando?» Ellos se pararon con aire entristecido. Uno de ellos, llamado Cleofás, le respondió: «¿Eres tú el único residente en Jerusalén que no sabe las cosas que estos días han pasado en ella?» Él les dijo: «¿Qué cosas?» Ellos le dijeron: «Lo de Jesús el Nazareno, que fue un profeta poderoso en obras y palabras delante de Dios y de todo el pueblo; cómo nuestros sumos sacerdotes y magistrados le condenaron a muerte y le crucificaron. Nosotros esperábamos que sería Él el que iba a librar a Israel; pero, con todas estas cosas, llevamos ya tres días desde que esto pasó. El caso es que algunas mujeres de las nuestras nos han sobresaltado, porque fueron de madrugada al sepulcro, y, al no hallar su cuerpo, vinieron diciendo que hasta habían visto una aparición de ángeles, que decían que Él vivía. Fueron también algunos de los nuestros al sepulcro y lo hallaron tal como las mujeres habían dicho, pero a Él no le vieron.» Él les dijo: «¡Oh, insensatos y tardos de corazón para creer todo lo que dijeron los profetas! ¿No era necesario que el Cristo padeciera eso y entrara así en su gloria?» Y, empezando por Moisés y continuando por todos los profetas, les explicó lo que había sobre Él en todas las Escrituras. Al acercarse al pueblo a donde iban, Él hizo ademán de seguir adelante. Pero ellos le forzaron diciéndole: «Quédate con nosotros, porque atardece y el día ya ha declinado.» Y *entró a quedarse con ellos. Y sucedió que, cuando se puso a la mesa con ellos, tomó el pan, pronunció la bendición, lo partió y se los iba dando. Entonces se les abrieron los ojos y le reconocieron, pero Él desapareció de su lado. Se dijeron uno a otro: «¿No estaba ardiendo nuestro corazón dentro de nosotros cuando nos hablaba en el camino y nos explicaba las Escrituras?»*

Día 24: Corazones ardientes

La fe y la incredulidad son dos extremos del continuo que es la vida religiosa. Se dice que la madre Teresa de Calcuta padeció "sequedad espiritual" y en sus cartas a su director espiritual le hablaba de dicha experiencia. Pero entre los grandes santos, no solo ella vivió esta sequedad; es probable que la mayoría lo hiciera. También los más cercanos al Señor experimentaron esos extremos; tan fue así que uno lo traicionó y otros lo abandonaron. Incluso Pedro fue acusado por Jesús de tener poca fe: "Hombre de poca fe, ¿por qué dudaste?" (Mt 14,31).

Y no solo eso, pues en el último capítulo de Lucas, el evangelista nos narra la experiencia que tuvieron los discípulos al tercer día de la muerte de su maestro. La primera escena tiene que ver con María Magdalena, Juana y María la de Santiago, quienes encontraron el sepulcro vacío. Los ángeles les dijeron de la resurrección de Jesús. Los demás discípulos no les creyeron. "Pero todas estas palabras les parecían como desatinos y no les creían" (Lc 24,11); no tenían fe. Después nos dice que Pedro tuvo que ir para quedar maravillado por lo que él vería. Pero posteriormente nos presenta el fascinante relato que se leyó al inicio de este capítulo entre dos discípulos que iban camino a Emaús y Jesús, quien se les apareció en el camino y ellos no lo reconocieron.

Incluso estos discípulos, que estaban hombro con hombro con Jesús, no lo veían: "sus ojos estaban retenidos para que no lo conocieran" y eran "insensatos" y "tardos de corazón". La incredulidad es una experiencia humana, natural. La muerte y la resurrección de Jesús escapan a la lógica humana; nos es difícil entenderla y reconocerla. De igual forma, nos cuesta reconocer su presencia mientras andamos por el camino de la vida. Los problemas y aflic-

Día 24: Corazones ardientes

ciones, así como las recompensas o experiencias agradables, pueden hacer que nuestra mirada no esté en Jesús, sino en el mundo. Que seamos ciegos, insensatos y tardos de corazón para reconocer que Él está a nuestro lado tanto en los momentos de dificultad como en los de bonanza. Nuestra naturaleza humana no comprende ni reconoce lo que solo nuestra naturaleza espiritual es capaz de ver.

Sin una disposición, sin una práctica, sin una disciplina, sin una relación íntima, seremos incapaces de experimentar la presencia de Dios en nuestras vidas. La religión cargada de rituales, símbolos, dogmas, celebraciones y sacramentos tiene el objetivo de transportarnos del mundo material y humano al mundo espiritual y divino. Nuestra adherencia a una vida y práctica religiosa nos dispone a poder reconocer y experimentar la omnipresencia de Dios, de reconocer su milagrosa presencia en nuestra vida. El intelecto de los discípulos de Emaús no podía reconocer lo que sucedía ahí; solo cuando entraron en comunión con Dios a través del sacramento de la eucaristía, lograron reconocer a Jesús y lo que estaba teniendo lugar ahí, y especialmente lo que estaba pasando en sus corazones, en el centro íntimo de su ser:

> Se puso a la mesa con ellos, tomó el pan, lo bendijo, lo partió y se lo dio. Entonces sus ojos se abrieron y lo reconocieron; pero Él desapareció de su lado. Y se dijeron uno a otro: "¿No ardía nuestro corazón mientras nos hablaba en el camino y nos explicaba las Escrituras?". (Lc 24,30-32)

El pan (la eucaristía) es lo que curó su ceguera, lo que les abrió los ojos no solo del intelecto, sino del espíritu. La eucaristía les permitió reconocer el ardor que había en su corazón y el contenido de las Escrituras. Dios estaba presente con ellos, pero ellos no lo veían. Fue solo a través de

Día 24: Corazones ardientes

la eucaristía y de las Escrituras que ellos pudieron apreciarlo.

Al igual que los discípulos de esta historia, nosotros somos ciegos y torpes para experimentar la presencia de Jesús en nuestras vidas. Nuestra naturaleza humana nos impide ver con el espíritu y sentir con el corazón. Al igual que ellos, requerimos de dos tipos de alimentos: el que proviene de las Escrituras y el que proviene de la eucaristía. En el primero está la palabra de Dios; es Dios revelándose a través del Génesis hasta el Apocalipsis para que nosotros lo conozcamos, para que podamos ver su mano creadora y protectora desde el origen de los tiempos hasta el final de estos. Al meditar las Escrituras, Dios nos habla y nosotros lo escuchamos. Pero desafortunadamente hay quienes viven lejos de las Escrituras, católicos que creen que la Palabra de Dios es inaccesible o difícil para ellos o que solo los sacerdotes pueden leerla e interpretarla. O católicos que no tienen interés en ella; que están envueltos en el mundo, en el trabajo, en la vida social, pero no en la Palabra de Dios. Católicos cuya exposición a las Escrituras se reduce a las lecturas dominicales. Esta privación del mensaje divino que muchos católicos experimentan hace imposible que reconozcan la presencia de Dios en su vida: "porque donde esté vuestro tesoro, allí estará también vuestro corazón" (Lc 12,34). Si queremos que nuestro corazón arda como ardía el de los discípulos de Emaús, tenemos que ir a las Escrituras y permitir que Jesús nos las explique como lo hizo con ellos. La Biblia tiene que ser el libro más importante en nuestra vida, pues ahí Dios les habló no solo a los profetas, a los santos, a los sacerdotes, sino que ahí nos habla a cada uno de nosotros.

Sin embargo, algunos cristianos protestantes consideran que la Biblia es suficiente como autoridad de la fe

Día 24: Corazones ardientes

y práctica religiosa, a lo que llaman *sola scriptura*. De esta forma, consideran la misa no solo como innecesaria, sino como una forma de idolatría. Al mismo tiempo, no reconocen la tradición ni la estructura de la Iglesia. Incluso algunos no celebran la eucaristía o la ven tan solo como un símbolo. Pero el texto del capítulo 24 nos dice que cuando Jesús "se puso a la mesa con ellos, tomó el pan, lo bendijo, lo partió y se lo iba dando", los discípulos fueron capaces de reconocerlo y de entender las Escrituras. El alimento que recibimos en la eucaristía no es de harina, sino la carne de Cristo. No nos ayuda a crecer físicamente, sino espiritualmente. No es necesario para nuestra existencia corporal, sino para nuestra existencia espiritual. Sin la eucaristía, sin el encuentro íntimo con Jesús, no podremos ver con claridad ni entender las Escrituras. La teofagia (el comer a Dios) permite que Cristo viva en nosotros, que reconozcamos cómo nuestros corazones arden gracias a la palabra de Dios. Es la relación íntima con Jesús en donde Él abrirá nuestra inteligencia para que entendamos las Escrituras (Lc 24,45).

Finalmente, Jesús dejó a sus discípulos. Después de su resurrección, el evangelista nos dice que subió al Cielo, y los discípulos "después de postrarse (adorarle) ante Él, se volvieron a Jerusalén con gran gozo, y estaban siempre en el Templo bendiciendo a Dios" (Lc 24,52-53).

Escrituras, eucaristía y adoración en el templo son los tres elementos que hicieron que el corazón de los discípulos ardiera y que reconocieran a Jesús y al milagro de la resurrección. Esos tres elementos son también los pilares que pueden permitirnos mantenernos en la fe, que pueden hacer que nuestros corazones también ardan por Él y que reconozcamos su presencia en nuestro andar por la vida.

CONCLUSIÓN

Querido lector, gracias por haber llegado hasta aquí y permitirme compartirte las reflexiones que el texto bíblico me produjo. Quiero hacerte una invitación: pasarte la estafeta y que ahora seas tú quien vaya a la Biblia y haga el mismo ejercicio; que te permitas que Dios te hable directamente a través de su Palabra escrita. Te invito a que la lectura de las Escrituras sea una constante en tu vida. No tienes que ser experto en teología o consagrado para poder acceder a ella. La Biblia es un texto vivo; es la Palabra de Dios esperando ser escuchada por todos. Sin duda no será fácil. Son especialmente desafiantes el Antiguo Testamento y el Apocalipsis, pero puedes empezar por los Evangelios, sobre todo por el de Lucas, por su accesibilidad, y continuar con las Epístolas. En el descubrimiento de la Palabra puedes acudir a la tradición y a las enseñanzas de la Iglesia católica, o buscar a alguien que sepa más y te pueda ayudar a comprenderla mejor, o incluso unirte a un grupo de Biblia en tu parroquia. También puedes hacer la *lectio divina*, una antigua y hermosa forma de meditar las Escrituras, donde uno toma el papel de alguno de los personajes a quienes Jesús les habló para ver qué quiere decirle a través de ese pasaje. El papa Benedicto XVI nos invitó a todos a hacerla, por lo que sin duda te animo a seguir su llamado.[1]

---

[1] Para saber más sobre cómo realizar esta práctica ya sea de forma individual o en grupo, se puede consultar la siguiente página del monasterio de San Andrés:
https://www.saintandrewsabbey.com/Lectio_Divina_s/267.htm o la explicación por el padre Mark Toups: https://youtu.be/bKSp_s04sVg o este artículo en español por el padre Martín Irure:

Conclusión

De igual forma, te exhorto a acudir a la eucaristía, y cuanto más puedas, mejor. Recuerda que es la presencia real de Jesús, por lo que es necesario hacerlo con devoción y en estado de gracia. De igual forma, te animo a una constante confesión, así como a buscar una iglesia donde se trate a la eucaristía con la reverencia que merece. Desafortunadamente, hoy hay muchos abusos eucarísticos; gente con buenas intenciones, pero sin la preparación debida y que, sin haber sido consagrados, ofrecen la comunión a veces en las manos, a veces sin reverencia, a veces como un simple símbolo. El papa Benedicto XVI, junto con el cardenal Sarah, han hecho énfasis en que la actual crisis de la Iglesia es una crisis de la eucaristía. De ahí la importancia de que todos busquemos recuperar su lugar central no solo en la vida de la Iglesia, sino en las nuestras.

Finalmente, en el último capítulo vimos cómo los discípulos se pusieron a adorar a Jesús y estaban continuamente en el templo. La adoración al Santísimo Sacramento es de gran importancia en la vida espiritual. Es un encuentro silencioso e íntimo con Dios. Existen parroquias donde hay exposición permanente, las 24 horas los 365 días del año, e incluso uno puede hacer un compromiso de una hora a la semana para ir y pasar ese tiempo en la presencia del Señor. Es en el silencio donde se escucha a Dios, por lo que podemos afirmar que quien no tiene silencio no tiene a Dios. Una hora a la semana de adoración no es un sacrificio; en realidad es un privilegio. El privilegio de dejar el bullicio del mundo, de renunciar a la histeria de las redes sociales, de apartar las dificultades y problemas; pero, sobre todo, el privilegio

https://es.catholic.net/op/articulos/17011/cat/658/invitacion-a-orar-con-la-lectio-divina.html de estar con aquel que dio su vida por ti, con aquel que venció a la muerte con su resurrección, con aquel que te ama y se preocupa por ti.

Te invito, pues, a que hagas de tu vida terrenal un preludio de tu vida celestial para que cuando estés frente a frente con Él puedas decir (y esperemos que todos lo podamos hacer): "Señor, tu mina ha producido diez minas" y Él te diga: "¡Muy bien, siervo bueno!" (Lc 19,16-17). Las Escrituras, la eucaristía y la adoración podrán ayudarte a lograrlo.

www.ingramcontent.com/pod-product-compliance
Lightning Source LLC
Chambersburg PA
CBHW032116040426
42449CB00005B/158